Tableau de la Population de la France
Par l'abbé Expilly.

1716

1982

AU ROI.

SIRE,

Res gerere, & captos ostendere civibus Hostes,
Attingit solium Jovis, & cœlestia tentat.

C'étoit ainsi que l'entendoit le prétendu poëte de la raison. Mais, en ce moment, Horace s'oublioit, sans doute, & ne se montroit ni philosophe, ni ami de l'humanité.

Il vouloit que ses Héros, jugés dignes de l'apothéose, eussent fait de grandes choses ; mais armés de la foudre, dont ils se seroient servi, pour présenter à leurs concitoyens le spectacle imposant (& toujours illusoire) d'ennemis vaincus.

L'humanité, qui est de tout pays, n'avoue point les Héros de cette espèce, qui ne seroient que nationaux. Elle ne reconnoît que ceux que leurs exploits rapprochent de *Janus*, qui, tandis qu'il signale son regne par de nouvelles loix, qu'il donne à ses sujets, pour assurer & accroître leur bonheur, reçoit & accueille en ami *Saturne*, que *Jupiter* venoit de chasser de l'Arcadie.

Occupé, SIRE, du bonheur de vos sujets, il se présente à vous un peuple nombreux, malheureux & repoussé par sa mère-patrie. Vous l'accueillés avec bonté, & vous le protégés de tout votre pouvoir.

Une Nation puissante, distinguée par l'énergie de son caractère, non moins célèbre par les grands hommes, en tout genre, qu'elle a produits, que par les succès éclatants qu'elle a obtenus, se propose l'établissement d'un nouvel empire, dont l'idée seule est également odieuse & révoltante ; & dès-lors elle se déclare elle-même l'ennemie naturelle de toutes les autres Nations.

De-là, affectant de modeler sa conduite sur celle des anciens Romains, qui fut bien plus souvent digne de blâme que d'éloge ; cette même Nation répond, comme eux, quand on lui reproche ses irrégularités, ses vexations : *Que le Sénat l'a ainsi ordonné ; que ses loix le veulent, & qu'elle ne sçauroit les changer.* Alors vous vous déclarés, SIRE, l'ami & le protecteur des droits du genre humain.

C'est ainsi que VOTRE MAJESTÉ ajoute aux grandes choses qu'Elle avoit déjà faites, & qui la rapprochent du Trône de l'Etre suprême.

A ces traits, l'humanité vous reconnoît. Elle vous préconise, vous proclame, SIRE, pour l'un de ses Héros, & vous décerne le titre le plus glorieux, le plus digne d'être ambitionné, celui de BIENFAISANT.

Puisse cependant la foudre qui étoit en votre pouvoir, & dont vous avez dû, SIRE, vous armer, malgré votre modération & votre longanimité, ne servir que pour inspirer promptement à vos ennemis, des sentimens de justice & d'équité, pareils à ceux de VOTRE MAJESTÉ !

A

Des victoires , des conquêtes , qui ne s'obtiennent jamais que par addition au malheur public , ne peuvent point , SIRE , flatter un cœur tel que le vôtre. VOTRE MAJESTÉ a d'ailleurs déclaré , dans son Édit , donné à Verfailles , au mois d'Août de cette année (1779 ,) qu'Elle mettoit *fa principale gloire à commander une Nation libre & généreufe.*

Au mois de Juillet précédent , j'ai eu , SIRE , l'honneur de dépofer aux pieds de VOTRE MAJESTÉ , le Tableau du nombre d'individus dont cette Nation eft compofée , divifé par Provinces & Généralités.

J'ai depuis continué ce travail , que j'avois commencé , il y a plus de vingt ans. J'ai cru cette occupation de mon devoir ; perfuadé d'ailleurs qu'elle produiroit des réfultats qui pourroient être agréables à VOTRE MAJESTÉ. De-là , SIRE , le nouveau Tableau , ci-joint , de la Population de votre Royaume , divifée & claffée par âges & par fexes , que je me détermine à mettre également à vos pieds.

VOTRE MAJESTÉ pourra remarquer , dans ce Tableau , que ce qui fait la principale force de la FRANCE , que le nombre d'Hommes & Garçons , de l'âge de vingt à cinquante ans , s'élève autour de cinq millions d'invidus (4 , 846 , 774.)

Mais , en même-temps , il exifte , SIRE , *cinq millions , huit cents & fept mille , fix cents quatre-vingt & fept* individus , de l'âge de dix ans & au-deffous ; & *fix cents cinquante-trois mille , fix cents quarante-trois* au-deffus de l'âge de foixante & dix ans. Ce qui forme une maffe de *fix millions , quatre cents foixante & un mille , trois cents & trente* individus , dont , au moins , les trois quarts n'ont , pour fubfifter , que des moyens précaires , extrêmement difficiles , & qui trop fouvent leur manquent.

Cette vérité de la plus grande importance , peut-être connue , au moins foupçonnée , mais point affez fentie ; ma qualité d'homme , de citoyen & de fujet , également fidèle & zélé , m'obligeoit , SIRE , de la dénoncer à VOTRE MAJESTÉ , qui , dans le même Édit , du mois d'Août de cette année , a auffi déclaré , que : *dans quelque état que la Providence ait fait naître fes fujets , ils ont tous des droits égaux à fa protection & à fa bienfaifance.*

C'eft ainfi que , fe refufant abfolument à toute idée de vouloir commander par la rigueur & par la mifère , VOTRE MAJESTÉ fe déclare vraîment le père de fes fujets ; leur annonçant & leur promettant une juftice *exactement diftributive* , la feule capable de fonder leurs efpérances , & telle d'ailleurs que des hommes , réunis en fociété , font en droit de l'attendre de leurs Chefs , de leurs Souverains.

Puiffent , SIRE , mes travaux contribuer à votre fatisfaction & à votre gloire ! Puiffent auffi être exaucés les vœux que je fais pour la confervation de vos jours , également précieux à vos fujets & à l'humanité !

    Je fuis ,

SIRE ,

DE VOTRE MAJESTÉ,

Le très-humble , très-obéiffant
& très-fidèle Serviteur & Sujet,

L'Abbé Expilly.

à Nice, le 8.
de janvier 1780.

AU ROI.

Probabilités de la Population & de la Mortalité, en France.

AGES.	Nombre des personnes vivantes, à chaque âge.			Nombre des personnes qui meurent, à chaque âge.		
	Hommes & Garçons.	Femmes & Filles.	TOTAL.	Hommes & Garçons.	Femmes & Filles.	TOTAL.
1.	2.	3.	4.	5.	6.	7.
de la Naissance, à 8. mois.... de 8. mois à un an.	} 492, 969.	467, 936.	960, 905.	{ 113, 683. 31, 725.	95, 452. 26, 637.	209, 135. 58, 362.
d'un an à deux ans.	347, 561.	345, 847.	693, 408.	38, 700.	34, 556.	73, 256.
de 2. à 3. ...	308, 861.	311, 291.	620, 152.	30, 762.	28, 530.	59, 292.
de 3. à 4. ...	278, 099.	282, 761.	560, 860.	13, 160.	12, 046.	25, 206.
de 4. à 5. ...	264, 939.	270, 715.	535, 654.	11, 323.	10, 669.	21, 992.
de 5. à 6. ans.	253, 616.	260, 046.	513, 662.	6, 765.	6, 588.	13, 353.
de 6. à 7. ...	246, 851.	253, 458.	500, 309.	5, 751.	5, 640.	11, 391.
de 7. à 8. ...	241, 100.	247, 818.	488, 918.	5, 316.	4, 848.	10, 164.
de 8. à 9. ...	235, 784.	242, 970.	478, 754.	4, 442.	3, 926.	8, 368.
de 9. à 10. ...	231, 342.	239, 044.	470, 386.	3, 422.	3, 227.	6, 649.
de 10. à 11. ans.	227, 920.	235, 817.	463, 737.	2, 058.	1, 851.	3, 909.
de 11. à 12. ...	225, 862.	233, 966.	459, 828.	2, 057.	1, 852.	3, 909.
de 12. à 13. ...	223, 805.	232, 114.	455, 919.	2, 057.	1, 852.	3, 909.
de 13. à 14. ...	221, 748.	230, 262.	452, 010.	2, 058.	1, 852.	3, 910.
de 14. à 15. ...	219, 690.	228, 410.	448, 100.	2, 058.	1, 852.	3, 910.
de 15. à 16. ans.	217, 632.	226, 558.	444, 190.	2, 062.	1, 877.	3, 939.
de 16. à 17. ...	215, 570.	224, 681.	440, 251.	2, 068.	1, 877.	3, 945.
de 17. à 18. ...	213, 502.	222, 804.	436, 306.	2, 408.	2, 096.	4, 504.
de 18. à 19. ...	211, 094.	220, 708.	431, 802.	2, 802.	2, 215.	5, 017.
de 19. à 20. ...	208, 292.	218, 493.	426, 785.	2, 984.	2, 651.	5, 635.
de 20. à 21. ans.	205, 308.	215, 842.	421, 150.	2, 652.	2, 983.	5, 635.
de 21. à 22. ...	202, 656.	212, 859.	415, 515.	2, 652.	3, 027.	5, 679.
de 22. à 23. ...	200, 004.	209, 832.	409, 836.	2, 654.	3, 025.	5, 679.
de 23. à 24. ...	197, 350.	206, 807.	404, 157.	1, 660.	3, 018.	5, 678.
de 24. à 25. ...	194, 690.	203, 789.	398, 479.	2, 658.	3, 014.	5, 672.
de 25. à 26. ans.	192, 032.	200, 775.	392, 807.	2, 658.	3, 014.	5, 672.
de 26. à 27. ...	189, 374.	197, 761.	387, 135.	2, 952.	3, 035.	5, 987.
de 27. à 28. ...	186, 422.	194, 726.	381, 148.	3, 130.	3, 038.	6, 168.
de 28. à 29. ...	183, 292.	191, 688.	374, 980.	3, 130.	3, 038.	6, 168.
de 29. à 30. ...	180, 162.	188, 650.	368, 812.	3, 140.	3, 104.	6, 244.
de 30. à 31. ans.	177, 022.	185, 546.	362, 568.	3, 080.	3, 164.	6, 244.
de 31. à 32. ...	173, 942.	182, 382.	356, 324.	3, 083.	3, 178.	6, 261.
de 32. à 33. ...	170, 859.	179, 204.	350, 063.	3, 056.	3, 206.	6, 262.
de 33. à 34. ...	167, 803.	175, 998.	343, 801.	3, 057.	3, 211.	6, 268.
de 34. à 35. ...	164, 746.	172, 787.	337, 533.	3, 084.	3, 334.	6, 418.
de 35. à 36. ans.	161, 662.	169, 453.	331, 115.	3, 217.	3, 513.	6, 730.
de 36. à 37. ...	158, 445.	165, 940.	324, 385.	3, 679.	3, 768.	7, 447.
de 37. à 38. ...	154, 766.	162, 172.	316, 938.	3, 679.	3, 768.	7, 447.
de 38. à 39. ...	151, 087.	158, 404.	309, 491.	3, 777.	3, 953.	7, 730.
de 39. à 40. ...	147, 310.	154, 451.	301, 761.	3, 717.	3, 916.	7, 633.
de 40. à 41. ans.	143, 593.	150, 535.	294, 128.	3, 348.	3, 476.	6, 824.
de 41. à 42. ...	140, 245.	147, 059.	287, 304.	3, 348.	3, 476.	6, 824.
de 42. à 43. ...	136, 897.	143, 583.	280, 480.	3, 144.	3, 329.	6, 473.
de 43. à 44. ...	133, 753.	140, 254.	274, 007.	3, 144.	3, 330.	6, 474.
de 44. à 45. ...	130, 609.	136, 924.	267, 533.	3, 155.	3, 341.	6, 496.
de 45. à 46. ans.	127, 454.	133, 583.	261, 037.	3, 453.	3, 270.	6, 723.
de 46. à 47. ...	124, 001.	130, 313.	254, 314.	3, 451.	3, 250.	6, 701.
de 47. à 48. ...	120, 550.	127, 063.	247, 613.	3, 451.	3, 250.	6, 701.
de 48. à 49. ...	117, 099.	123, 813.	240, 912.	3, 450.	3, 250.	6, 700.
de 49. à 50. ...	113, 649.	120, 563.	234, 212.	3, 366.	3, 329.	6, 695.

AGES.	Nombre des personnes vivantes, à chaque âge.			Nombre des personnes qui meurent, à chaque âge.		
	Hommes & Garçons.	Femmes & Filles.	TOTAL.	Hommes & Garçons.	Femmes & Filles.	TOTAL.
1.	2.	3.	4.	5.	6.	7.
de 50. à 51. ans..	110,283.	117,234.	227,517.	3,105.	2,810.	5,915.
de 51. à 52. ...	107,178.	114,424.	221,602.	2,912.	2,738.	5,650.
de 52. à 53. ...	104,266.	111,686.	215,952.	2,913.	2,738.	5,651.
de 53. à 54. ...	101,353.	108,948.	210,301.	3,175.	3,105.	6,280.
de 54. à 55. ...	98,178.	105,843.	204,021.	3,591.	3,415.	7,006.
de 55. à 56. ans..	94,587.	102,428.	197,015.	3,814.	3,575.	7,389.
de 56. à 57. ...	90,773.	98,853.	189,626.	3,911.	3,611.	7,523.
de 57. à 58. ...	86,862.	95,241.	182,103.	3,921.	3,684.	7,605.
de 58. à 59. ...	82,941.	91,557.	174,498.	3,927.	3,703.	7,630.
de 59. à 60. ...	79,014.	87,854.	166,868.	3,783.	3,558.	7,341.
de 60. à 61. ans..	75,231.	84,296.	159,527.	3,340.	3,498.	6,838.
de 61. à 62. ...	71,891.	80,798.	152,689.	3,338.	3,500.	6,838.
de 62. à 63. ...	68,553.	77,298.	145,851.	3,338.	3,514.	6,852.
de 63. à 64. ...	65,215.	73,784.	138,999.	3,343.	3,529.	6,872.
de 64. à 65. ...	61,872.	70,255.	132,127.	3,409.	3,617.	7,026.
de 65. à 66. ans..	58,463.	66,638.	125,101.	3,650.	4,096.	7,746.
de 66. à 67. ...	54,813.	62,542.	117,355.	4,008.	4,176.	8,184.
de 67. à 68. ...	50,805.	58,366.	109,171.	4,018.	4,176.	8,194.
de 68. à 69. ...	46,787.	54,190.	100,977.	4,018.	4,176.	8,194.
de 69. à 70. ...	42,769.	50,014.	92,783.	4,021.	4,121.	8,142.
de 70. à 71. ans..	38,748.	45,893.	84,641.	3,940.	4,161.	8,101.
de 71. à 72. ...	34,808.	41,732.	76,540.	3,632.	3,692.	7,324.
de 72. à 73. ...	31,176.	38,040.	69,216.	3,632.	3,692.	7,324.
de 73. á 74. ...	27,544.	34,348.	61,892.	3,136.	3,380.	6,516.
de 74. à 75. ...	24,408.	30,968.	55,376.	3,135.	3,331.	6,466.
de 75. á 76. ans..	21,273.	27,637.	48,910.	3,135.	3,331.	6,466.
de 76. à 77. ...	18,138.	24,306.	42,444.	2,719.	3,251.	5,970.
de 77. à 78. ...	15,419.	21,055.	36,474.	2,320.	3,250.	5,570.
de 78. à 79. ...	13,099.	17,805.	30,904.	2,140.	2,630.	4,770.
de 79. à 80. ...	10,959.	15,175.	26,134.	1,868.	2,046.	3,914.
de 80. à 81. ans..	9,091.	13,129.	22,220.	1,868.	2,042.	3,910.
de 81. à 82. ...	7,223.	11,087.	18,310.	1,168.	1,871.	3,039.
de 82. à 83. ...	6,055.	9,216.	15,271.	935.	1,285.	2,220.
de 83. à 84. ...	5,120.	7,931.	13,051.	851.	1,269.	2,120.
de 84. à 85. ...	4,269.	6,662.	10,931.	788.	1,162.	1,950.
de 85. à 86. ans..	3,481.	5,500.	8,981.	803.	1,147.	1,950.
de 86. à 87. ...	2,678.	4,353.	7,031.	584.	836.	1,420.
de 87. à 88. ...	2,094.	3,517.	5,611.	455.	666.	1,121.
de 88. à 89. ...	1,639.	2,851.	4,490.	408.	452.	860.
de 89. à 90. ...	1,231.	2,399.	3,630.	330.	382.	712.
de 90. à 91. ans..	901.	2,017.	2,918.	217.	340.	557.
de 91. à 92. ...	684.	1,677.	2,361.	159.	311.	470.
de 92. à 93. ...	525.	1,366.	1,891.	132.	286.	418.
de 93. à 94. ...	393.	1,080.	1,473.	98.	268.	366.
de 94. à 95. ...	295.	812.	1,107.	76.	239.	315.
de 95. à 96. ans..	219.	573.	792.	66.	203.	269.
de 96. à 97. ...	153.	370.	523.	59.	151.	210.
de 97. à 98. ...	94.	219.	313.	48.	109.	157.
de 98. à 99. ...	46.	110.	156.	29.	75.	104.
de 99. à 100. & au-dessus.	17.	35.	52.	17.	35.	52.
Totaux généraux.	11,766,633.	12,362,567.	24,129,200.	492,969.	467,936.	960,905.

AGES.	Nombre des personnes vivantes, à chaque âge.			Nombre des personnes qui meurent, à chaque âge.		
1.	**Hommes & Garçons.** **2.**	**Femmes & Filles.** **3.**	**TOTAL.** **4.**	**Hommes & Garçons.** **5.**	**Femmes & Filles.** **6.**	**TOTAL.** **7.**
de la Naissance, à 8. mois. / de 8. mois à un an.	492, 969.	467, 936.	960, 905.	{ 113, 683. / 31, 725.	95, 452. / 26, 637.	209, 135. / 58, 362.
	492, 969.	467, 936.	960, 905.	145, 408.	122, 089.	267, 497.
d'un an à 5. ans... / de 5. à 10.....	1, 199, 460. / 1, 208, 693.	1, 210, 614. / 1, 243, 336.	2, 410, 074. / 2, 452, 029.	93, 945. / 25, 696.	85, 801. / 24, 229.	179, 746. / 49, 925.
de 10. à 15.....	2, 408, 153. / 1, 119, 025.	2, 453, 950. / 1, 160, 569.	4, 862, 103. / 2, 279, 594.	119, 641. / 10, 288.	110, 030. / 9, 259.	229, 671. / 19, 547.
de 15. à 20.....	3, 527, 178. / 1, 066, 090.	3, 614, 519. / 1, 113, 244.	7, 141, 697. / 2, 179, 334.	129, 929. / 11, 324.	119, 289. / 10, 716.	249, 218. / 22, 040.
de 20. à 25.....	4, 593, 268. / 1, 000, 008.	4, 727, 763. / 1, 049, 129.	9, 321, 031. / 2, 049, 137.	142, 253. / 13, 276.	130, 005. / 15, 067.	272, 258. / 28, 343.
de 25. à 30.....	5, 593, 276. / 931, 282.	5, 776, 892. / 973, 600.	11, 370, 168. / 1, 904, 882.	155, 529. / 15, 010.	145, 072. / 15, 229.	300, 601. / 30, 239.
de 30. à 35.....	6, 524, 558. / 854, 372.	6, 750, 492. / 895, 917.	13, 275, 050. / 1, 750, 289.	170, 539. / 15, 360.	160, 301. / 16, 093.	330, 840. / 31, 453.
de 35. à 40.....	7, 378, 930. / 773, 270.	7, 646, 409. / 810, 420.	15, 025, 339. / 1, 583, 690.	185, 899. / 18, 069.	176, 394. / 18, 918.	362, 293. / 36, 987.
de 40. à 45.....	8, 152, 200. / 685, 097.	8, 456, 829. / 718, 355.	16, 609, 029. / 1, 403, 452.	203, 968. / 16, 139.	195, 312. / 16, 952.	399, 280. / 33, 091.
de 45. à 50.....	8, 837, 297. / 602, 753.	9, 175, 184. / 635, 335.	18, 012, 481. / 1, 238, 088.	220, 107. / 17, 171.	212, 264. / 16, 349.	432, 371. / 33, 520.
de 50. à 55.....	9, 440, 050. / 521, 258.	9, 810, 519. / 558, 135.	19, 250, 569. / 1, 079, 393.	237, 278. / 15, 696.	228, 613. / 14, 806.	465, 891. / 30, 502.
de 55. à 60.....	9, 961, 308. / 434, 177.	10, 368, 654. / 475, 933.	20, 329, 962. / 910, 110.	252, 974. / 19, 356.	243, 419. / 18, 132.	496, 393. / 37, 488.
de 60. à 65.....	10, 395, 485. / 342, 762.	10, 844, 587. / 386, 431.	21, 240, 072. / 729, 193.	272, 330. / 16, 768.	261, 551. / 17, 658.	533, 881. / 34, 426.
de 65. à 70.....	10, 738, 247. / 253, 637.	11, 231, 018. / 291, 750.	21, 969, 265. / 545, 387.	289, 098. / 19, 715.	279, 209. / 20, 745.	568, 307. / 40, 460.
de 70. à 75.....	10, 991, 884. / 156, 684.	11, 522, 768. / 190, 981.	22, 514, 652. / 347, 665.	308, 813. / 17, 475.	299, 954. / 18, 256.	608, 767. / 35, 731.
de 75. à 80.....	11, 148, 568. / 78, 888.	11, 713, 749. / 105, 978.	22, 862, 317. / 184, 866.	326, 288. / 12, 182.	318, 210. / 14, 508.	644, 498. / 26, 690.
de 80. à 85.....	11, 227, 456. / 31, 758.	11, 819, 727. / 48, 025.	23, 047, 183. / 79, 783.	338, 470. / 5, 610.	332, 718. / 7, 629.	671, 188. / 13, 239.
de 85. à 90.....	11, 259, 214. / 11, 123.	11, 867, 752. / 18, 620.	23, 126, 966. / 29, 743.	344, 080. / 2, 580.	340, 347. / 3, 483.	684, 427. / 6, 063.
de 90. à 95.....	11, 270, 337. / 2, 798.	11, 886, 372. / 6, 952.	23, 156, 709. / 9, 750.	346, 660. / 682.	343, 830. / 1, 444.	690, 490. / 2, 126.
de 95. à 100. ans & au-dessus...	11, 273, 135. / 529.	11, 893, 324. / 1, 307.	23, 166, 459. / 1, 836.	347, 342. / 219.	345, 274. / 573.	692, 616. / 792.
de la Naissance à un an...	11, 273, 664. / 492, 969.	11, 894, 631. / 467, 936.	23, 168, 295. / 960, 905.	347, 561. / 145, 408.	345, 847. / 122, 089.	693, 408. / 267, 497.
Totaux généraux.	11, 766, 633.	12, 362, 567.	24, 129, 200.	492, 969.	467, 936.	960, 905.

SECONDE RÉCAPITULATION.

	Hommes & Garçons.	Femmes & Filles.	TOTAL général.
	1.	2.	3.
Hommes mariés. . .	4, 436, 998.	4, 436, 998. . . Femmes mariées.	8, 873, 996.
Veufs.	587, 051.	1, 085, 139. . . Veuves.	1, 672, 190.
	5, 024, 049.	5, 522, 137.	10, 546, 186.
Garçons (Célibataires) au-deſſus de l'âge de 16. ans. .	2, 504, 805.	2, 521, 417. { Filles (Célibataires) au-deſſus de l'âge de 16. ans.	5, 026, 222.
Garçons , de l'âge de 16. ans & au-deſſous. . . .	4, 237, 779.	4, 319, 013. { Filles de l'âge de 16. ans & au-deſſous.	8, 556, 792.
TOTAUX. . .	11, 766, 633.	12, 362, 567.	24, 129, 200.

III°. Récapitulation de la Population de la France , en 1778.

Nombre de perſonnes.

1. Clergé.	200, 000.
2. Nobleſſe , Chefs *.	18, 200.
Femmes & Enfants.	59, 890.
3. Militaires , de terre & de mer , non-compris les Gardes-côtes.	300, 000.
Femmes & Enfants.	50, 000.
4. Officiers de Magiſtrature , à finances. . . .	60, 000.
Femmes & Enfants.	240, 000.
5. Univerſités. Avocats , Medécins , Chirurgiens , Apoticaires.	25, 000.
Femmes & Enfants.	70, 000.
6. Bourgeois , Financiers , Négocians , Marchands & Artiſans.	1, 020, 000.
Femmes & Enfants.	3, 060, 000.
7. Matelots & autres gens de mer.	70, 000.
Femmes & Enfants.	210, 000.
8. Gens de rivières.	10, 000.
Femmes & Enfants.	30, 000.
9. Laboureurs ou Chefs d'exploitation rurale , & Cultivateurs avec des beſtiaux ; Chefs. . . .	426, 000.
Femmes & Enfants.	1, 704, 000.
10. Vignerons & Cultivateurs à bras : Chefs. . .	1, 000, 000.
Femmes & Enfants.	3, 500, 000.
11. Manouvriers & Journaliers : Chefs.	2, 500, 000.
Femmes & Enfants.	7, 500, 000.
12. Domeſtiques. { Hommes & Garçons.	1, 026, 000.
{ Femmes & Filles.	928, 000.
Enfants de 15. ans & au-deſſous.	122, 110.
TOTAL. .	24, 129, 200.

---

* Nobleſſe du Royaume de Suède , en 1760.

Nombre de Familles.

Anciennes Familles , originaires du pays. .	160.
Familles iſſues de la Robe.	810.
Familles annoblies par la voye des Armes. .	772.
Familles annoblies par les Lettres. . .	52.
Enfants d'Evêques.	49.
Familles Allemandes.	92.
Familles Livoniennes.	68.
Familles d'origine Ecoſſoiſe. . . .	53.
Familles d'origine Danoiſe. . . .	24.
Familles d'origine Françoiſe. . . .	10.
Familles originaires de Ruſſie. . . .	9.
Familles originaires des Pays-Bas. . .	7.
Familles originaires de Courlande. . .	4.
Familles originaires de Pologne. . . .	4.
TOTAL. .	2, 054.

Nobleſſe du Royaume de Suède , en 1775.

Nombre de Familles.

Familles de Comtes.	85.
Familles de Barons.	231.
Familles ſimplement Nobles. . .	1, 954.
TOTAL. .	2, 270.

Population de la Suède , en 1760. d'après les deux Frères M. M. Runeberg.

Nombre de perſonnes.

1°. Perſonnes Nobles , y compris 3, 597. Enfants au-deſſous de l'âge de 15. ans. . .	10, 645.
2°. De l'État Eccléſiaſtique , des Ecoles , &c. y compris 7, 073. Enfants au-deſſous de l'âge de 15. ans. . .	18, 197.
	28, 842.
3°. Habitans des Villes , appliqués aux Arts & aux Métiers. . . .	162, 888.
4°. Habitans des Campagnes , appliqués à l'Agriculture , aux Mines , &c. .	2, 191, 383.
TOTAL. .	2, 383, 113.

§. I.

DE LA FRANCE.

I. LE *degré de latitude* y eft évalué à 57, 074. toifes, chacune de fix pieds-de-Roi, le pied de douze pouces, & le pouce de douze lignes.

Ce qui donne, pour la lieue, de 25. au degré, 2282. toifes cinq pieds neuf pouces une ligne & ¼. de ligne.

De-là, cette lieue étant quarrée, il en réfulte une aire ou furface de 5, 215, 905. toifes, deux pieds neuf pouces dix lignes & ¹⁴⁄₂₅ de ligne en quarré.

Cette quantité de toifes quarrées repréfente le nombre de 3879. ³⁄₇₁ arpents, chacun de 1344. ⁴⁄₅ toifes quarrées, produit par cent perches quarrées, chacune de 22. pieds de longueur, felon la mefure commune & générale des Eaux & Forêts de France.

Les 26, 934. lieues quarrées, que contient la France, font donc égales à une aire ou furface de 104, 592, 697. ½. arpents.

M. le Maréchal de Vauban donnoit à la France, au moins 30. mille lieues quarrées. Il employoit la perche de 18. pieds, & trouvoit, à la lieue quarrée, 4688. arpents 82. ⁴⁄₅ perches. De-là, il dut évaluer l'aire de la France à la quantité de 140, 664, 750. arpents, chacun de 900. toifes quarrées. Dans ce cas, la furface de la perche étoit de neuf toifes quarrées.

II. Le *Sol* de la France fe diftribue affés exactement de la manière qui fuit :

	ARPENTS.
Chemins, Rivières, Grèves, Landes, Bruyères, Hayes, Rochers de nulle valeur.	10, 592, 697.
Maifons, Eglifes, Jardins de pur agrément.	7, 000, 000.
Terres-vaines, dans les plaines, dans les vuides des bois, & dans les montagnes (où il fe trouve quelques pâturages pour les beftiaux.)	7, 400, 000.
Vergers, terres à légumes, à arbres à fruits, lins, chanvres, fafran, colfat, fenevé, navettes, chardons à carder, & pour toutes les femences des plantes qui ne fervent point à la nourriture des hommes.	2, 600, 000.
Prés & Pâturages.	15, 000, 000.
Vignes.	4, 000, 000.
Bois.	18, 000, 000.
Terres labourables.	40, 000, 000.
TOTAL.	104, 592, 697.

III. Si jamais il arrivoit que la France fe trouvât trop peuplée, relativement à fes moyens actuels de fubfiftance, tirés principalement du *Sol* (ce qui n'eft pas à craindre, fur-tout, depuis la découverte de l'Amérique,) alors les *Montagnes* pourroient attirer plus particulièrement l'attention des habitants. Ils ne les négligeroient pas ; ils ne les dégraderoient pas, comme ils font actuellement. Là, ils planteroient des bois, foit pour fixer les terres & en prévenir les éboulements, foit pour diminuer l'impétuofité des eaux de pluye. Ailleurs, ils tailleroient en amphithéatres, des parties de ce nouveau *Sol* : ils y tranfporteroient des terres, qu'ils engraifferoient, & qu'ils forceroient à donner des récoltes. Il n'eft pas jufqu'au marbre le plus compact, qui, réduit en poudre, ne puiffe, par le moyen des engrais, fournir à la végétation. Le roc, le plus aride, fe

charge aifément de mouffe, dès-que le moindre obftacle s'oppofe à ce qu'elle n'en foit rapidement emportée. L'homme méconnoît fes forces ; ou plutôt il manque de courage, & par-conféquent d'activité & d'induftrie. Si la terre pure ne produit rien ; & cherche, par tel mouvement que ce foit, à fe réunir, à fe former en maffe dure & compacte, ce n'eft que parce qu'elle fe trouve privée de tout fel.

IV. Les terres en *vergers*, *légumes*, &c. eftimées à la quantité de 2, 600, 000. arpents, font peut-être les plus utiles & les plus avantageufes. Ce n'eft point exagérer, que de porter à quinze livres l'arpent, la valeur de leur produit. De-là, une branche de revenu annuel, de trente-neuf millions de livres, fomme qui peut fuffire à la fubfiftance de 278, 571. individus, à raifon de 140. livres pour chacun.

Toute culture en jardinage, & par-conféquent à bras, fera toujours celle qui entretiendra un plus grand nombre d'habitants.

Je connois telle contrée, ainfi exploitée, contenant au-plus cinq lieues quarrées, ou environ 19, 251. arpents de France, qui fuffit à la fubfiftance & à l'entretien de 20. mille habitants, au moins. C'eft dans le Comté de Nice, en Italie. Cependant il ne s'y recueille que peu de vin & encore moins de bled. Mais, fes huiles, fes fruits & fes légumes fuffifent à tout, & donnent le moyen de faire des compenfations très-avantageufes, indépendamment d'une fubfiftance, également abondante, faine & agréable, qui ne manque jamais aux habitants du pays.

V. L'exploitation des *Prés* & des *Pâturages* ne demande pas beaucoup de foins, ni par-conféquent beaucoup de bras. Pourvoir d'engrais, quand on en a le moyen : arrofer, quand il eft convénable & poffible : faucher l'herbe, la faner, la botteler, la mettre en meules ou la voiturer : c'eft-là à peu près tout ce qui concerne cette efpèce de culture.

Une fauchée contient 559. toifes quarrées de France, & produit à quinze cents livres de foin fec. Treize cents cinquante livres, c'eft le terme moyen. Cette quantité fournit à la formation de 135. bottes de foin, chacune de dix livres pefant, qui, à caufe du déchet, &c. fe réduifent à une maffe de 120. bottes ou environ.

L'arpent de 1344. ⁴⁄₅ toifes quarrées, contient 2. ¹¹³²⁹²⁸⁄₁₅₅₇₅₉ fauchées, & doit produire environ 290. bottes de foin fec.

De-là, les quinze millions d'arpents, en *Prés* & *Pâturages*, produiroient, n'étant fauchés qu'une feule fois, la quantité de quatre milliards, trois cents cinquante millions de bottes de foin fec, qui, à raifon de 720. bottes par chaque tête de gros bétail, fuffiroient à la fubfiftance de fix millions, 41, 667. individus de cette efpèce.

Mais, il s'en faut de beaucoup que l'on fauche tous les *Prés* & tous les *Pâturages*. Ceux que l'on fauche, le font la plupart plus d'une fois ; & l'on en tire, au moins, le regain, qui, affés communément, eft eftimé à la moitié de la première fauchée.

Une coupe intermédiaire, entre la première fauchée & le regain, à laquelle donnent lieu quantité de prairies ; de l'œconomie dans la diftribution du fourage, la moitié du gros bétail, & peut-être plus, étant réduite à une botte & demie, par jour, même à une feule botte de foin fec, le furplus lui étant administré en paille ; des herbages abondants & toujours renaissants, dans des terrains gras & fertiles, quoique constamment couverts de bétail : ce sont-là autant de moyens, qui, ajoutés aux premiers, suffisent à la subsistance de tout le bétail qui est élevé en France. Cela toutefois n'empêche pas que l'on ne regrette avec raison qu'il n'y ait pas dans ce Royaume une plus grande abondance de pâturages. Avec plus de bétail, il y auroit plus d'engrais, les récoltes seroient plus avantageuses, & la subsistance du peuple plus abondante & de meilleure qualité.

Les quinze millions d'arpents représentent la quantité de vingt milliards 160. millions 740. mille 740. $\frac{4}{5}$. toises quarrées : ce qui revient à 36. millions, 65. mille, 725. $\frac{465}{559}$. fauchées, chacune de 559. toises quarrées.

Un faucheur & deux faneurs suffisent à 559. toises quarrées.

Un homme peut faire, par jour, cent bottes de foin.

Par ordonnance, du 13. Juillet 1727, la *ration*, pour la nourriture d'un cheval de cavalerie (& autres au service du Roi) doit être composée de vingt livres de foin sec, & d'un boisseau d'avoine, mesure de Paris, dont les vingt-quatre boisseaux font le septier de la même mesure. Et, pour prévenir les contestations, qui pourroient arriver au sujet de cette mesure, il doit, dans chaque lieu d'étappe, y en avoir une quarrée, qui ait, par le dedans, huit pouces de tout sens, sur dix pouces de haut, dont les douze font le pied-de-Roi : ce qui produit 640. pouces. De-là, les douze boisseaux contiendront 7680. pouces cubes ; ou, selon les Mémoires de l'Académie, 7732. $\frac{13184}{17384}$. pouces cubes.

Le demi-septier d'avoine, contenant douze boisseaux, pesera 63. $\frac{6}{78}$. livres, quand l'avoine sera de bonne qualité. Alors, le poids d'un de ces boisseaux sera de 10. livres & demie & $\frac{1}{78}$.

VI. *Vignes*. C'est, de tous les genres d'agriculture (à l'exception du jardinage) celui qui exige le plus grand nombre de bras. Aussi, les pays de vignobles sont-ils, même en proportion, beaucoup plus peuplés que ne le sont ceux en terres labourables. Viennent ensuite les pays de prés & de pâturages ; &, en dernier lieu, ceux de Bois, qui ne demandent, en général, pour l'exploitation, dans le courant de l'année, qu'un très-petit nombre d'hommes, relativement à l'étendue du terrain.

Les sept *jugera* d'Italie (au temps de Columelle, qui vivoit sous l'empereur Claude, vers l'an 43. de Jesus-Christ,) répondent assés exactement à quatre arpents de France, chacun de 1344. $\frac{4}{5}$. toises quarrées.

Un vigneron façonne communément, par an, quatre arpents de vigne & quelque chose de plus (4. $\frac{1}{2}$. arpents.)

Columelle conseilloit d'arracher les vignes, quand elles rendoient moins de trois *Culei* par *Jugerum*.

Le *Culeus* étoit égal au demi-muid, de 144. pintes, mesure de Paris. (La pinte contient 48. pouces cubes. Le pouce cube de vin pèse ordinairement cinq gros & cinq grains, & par-conséquent un peu moins que le pouce cube d'eau de rivière, qui, quand cette eau est légère, telle que celle de la Seine, pèse cinq gros & douze grains. De-là, la pinte de vin doit peser trente onces, trois gros & 24. grains.)

Selon le calcul de Columelle, les sept *Jugera*, ou les quatre arpents doivent produire vingt-un *Culei* ou dix muids & demi, mesure de Paris.

Le produit d'un arpent doit être, au moins, de deux muids & demi. Quand il produit moins, année commune, il ne mérite pas d'être cultivé. Souvent il produit le double, quelquefois le triple, le quadruple même de cette quantité.

Pline (liv. 14. chap. 4.) rapporte que le *Jugerum* rendoit sept *Culei*, ou 140. amphores, ou mille pintes (3. $\frac{1}{2}$. muids de vin.)

Caton, cité par le même Pline, assure qu'il arrive souvent que l'on recueille, par *Jugerum*, jusqu'à dix *Culei* (cinq muids) de vin.

D'après ce passage de Pline, l'arpent de France, de 1344. $\frac{4}{5}$. toises, rapporteroit 6. $\frac{1}{8}$. muids. Et, d'après Caton, le même arpent rapporteroit 8. $\frac{1}{4}$. muids de vin.

Il est des années, où l'on obtient de pareils produits des vignes de France, de celles sur-tout des provinces méridionales ; mais ces années sont rares.

Pline ajoute que, de son temps, il se trouvoit du vin de 200. ans, dont le prix déterminé faisoit connoître que le propriétaire de ce vin obtenoit de sa denrée, ayant été ainsi gardée, douze pour cent par an. De-là, en 200. ans, le capital rentroit près de vingt-quatre fois. De-là, l'amphore, vingtième partie du *Culeus*, qui, en vin nouveau, de l'année, n'avoit valu que 4. $\frac{1}{8}$. sesterces (en monnoie actuelle de France, 8. f. 8. $\frac{283}{660}$. deniers) se trouvoit, après ce laps de temps, élevée à la valeur de 10 liv. 3 f. 00 d. $\frac{443}{660}$. Ce qui représentoit vingt-trois fois & un tiers le premier prix de ce vin. (En ce cas, le sesterce de Pline est estimé à 7. $\frac{1}{3}$. grains d'argent fin.)

Les Romains faisoient usage de *Sesterces* de différentes espèces. Budée en a distingué de deux sortes : le *Sesterce ordinaire*, réel & effectif, qui valoit deux *As* & demi, environ deux sols en monnoie de compte ; & le *grand Sesterce*, appellé au neutre *Sestertium*, qui n'étoit qu'une monnoie de compte, de la valeur de mille petits sesterces, ou environ 100 liv. en monnoie de France.

Le sesterce, employé par Tacite, peut être évalué ordinairement à cinq $\frac{38}{88}$. deniers tournois, qui représentent la valeur de deux grains d'argent fin, le marc étant à 54 liv. 6 f. 6 d. $\frac{6}{11}$.

Il en est communément de même des sesterces employés par Columelle.

Mais, au sujet du prix du vin & de l'intérêt de l'argent, Pline fait usage du sesterce de 7. $\frac{1}{3}$. grains d'argent fin, qui, en monnoie actuelle de France, répondent à un sol, 11. $\frac{81}{220}$. deniers tournois.

Au temps des Romains, pour pouvoir tenir le rang de *Sénateur*, la loi exigeoit d'abord que le Candidat possedât 800. mille sesterces, en biens-fonds. Dans la suite, la loi se borna à 400. sesterces ; mais enfin elle en exigea 1200. mille.

Pour pouvoir entrer dans l'ordre des *Chevaliers*, il falloit être propriétaire d'une valeur de 400. mille sesterces. Le quart de cette somme suffisoit pour pouvoir remplir la grade de *Decurion*. (Pline, liv. 33. chap. 2. Suétone, Plutarque, &c.).

Les 1200. mille sesterces, chacun de deux grains d'argent fin, représentoient la quantité de 520. $\frac{5}{3}$. marcs, qui, à 54 liv. 6 f. 6. d. $\frac{6}{11}$., produiroient aujourd'hui la somme de 28, 295 liv. 9 f. 1 d. $\frac{1}{11}$.

Le tiers de cette somme seroit de 9431 liv. 16 f. 4. $\frac{4}{11}$. dont le tiers fourniroit la somme de 3143 liv. 18 f. 9 d. $\frac{16}{33}$.

Mais, au temps d'Auguste, dont il s'agit, l'intérêt de l'argent étoit au denier huit & un tiers ; & alors on faisoit, avec un marc d'argent, un peu plus qu'on ne fait aujourd'hui avec trois.

A ce taux (de l'intérêt) la somme de 28, 295 liv. 9 f. 1 d. $\frac{1}{11}$. produisoit un revenu annuel de 2357 liv. 19 f. 1 d. $\frac{1}{11}$. qui, étant triplé, à cause de la valeur & du prix des denrées, représentoit la somme de 7073 liv. 17 f. 3 d. $\frac{3}{11}$.

Le prix du marc d'argent étant, au temps d'Auguste, à 12 liv. en monnoie actuelle de France ; & le prix du septier de froment à 25 f., il s'ensuit qu'un marc d'argent fin répondoit à 9. $\frac{3}{5}$. septiers.

Les 520. $\frac{5}{3}$. marcs d'argent fin auroient donc produit,

duit, au temps d'Augufte, 4750. ¾. feptiers de froment, dont le prix, actuellement à 20 liv. le feptier, repréfenteroit la fomme de 95, 004 liv. Cette fomme étant placée au denier douze, ou à 8. ⅓. pour cent d'intérêt annuel, on en obtiendroit un revenu de 7917 liv.

Au temps de Columelle, la pinte de Paris, de vin de l'année, valoit 2. ⅔. deniers tournois, ou 4. ⅓. grains d'argent fin, poids de marc. Ce feroit, en monnoie actuelle, 11. ³⁹⁄₁₇₂. deniers. Ce prix étoit encore à-peu-près le même, au commencement du feizième fiècle, fous Louis XII & fous François I.

Depuis Columelle, jufqu'après l'an 1512, le prix du feptier de bon bled (de 240 livres, poids de marc) s'étoit conftamment balancé de 20. à 25 fols tournois. Cette valeur repréfentoit la quantité de 80. à 100. pintes de vin, à trois deniers la pinte.

Les quatre millions d'arpents en vignes doivent produire, année commune, la quantité, au moins, de dix millions de muids de vin, le muid de 288. pintes, mefure de Paris.

Les provinces de Normandie, de Picardie, d'Artois, de Haynault & de Cambrefis, ne produifent point de vin. A l'exception du Comté Nantois, il ne s'en recueille que très-peu, ou prefque point, en Bretagne.

Le cidre & le poiré font la boiffon ordinaire des peuples, habitans des généralités de Rouen, Caën, Alençon & Rennes.

Outre le cidre & le poiré, la bière eft également en ufage dans la Généralité d'Amiens. Il en eft à-peu-près de même dans une partie des Généralités de Soiffons & de Châlons.

Celle de Lille ne connoît guères que la bière, au moins pour ce qui concerne le peuple. Cependant, les perfonnes aifées, domiciliées dans ces diverfes provinces, ne laiffent pas que de confommer beaucoup de vin.

L'ufage de la bière eft fort commun dans les Généralités de Metz & de Strasbourg. La confommation qui s'en fait à Paris, eft auffi très-confidérable.

Les habitans des provinces où il ne croît pas de vin, forment le nombre d'environ 778. mille familles. Ceux des autres provinces font au nombre d'environ quatre millions 899. mille familles.

Les dix millions de muid de vin, que donnent, année commune, les quatre millions d'arpents de vignes, repréfentent la quantité de quatre milliards 840. millions de pintes, mefure de Paris, le muid, de 288. pintes, étant réduit à 284. à caufe de la lie.

D'après ce calcul, il reviendroit, par an, environ deux muids; ou, par jour, environ une pinte & deux tiers à chacune des quatre millions 899. mille familles ci-deffus, dans le cas où il feroit poffible de partager également le produit de cette récolte. Il y auroit cependant à déduire de cette quantité, celle des vins convertis en eaux-de-vie & en vinaigres; &, outre cela, les vins exportés du Royaume, qui forment une branche de commerce très-confidérable.

Il s'en faut de beaucoup que, dans l'état actuel des chofes, la maffe de la Population Françoife puiffe donner lieu à l'hypothéfe, qui vient d'être tracée, au fujet de la confommation du vin. La plupart des Manouvriers & des Journaliers, quantité d'Artifants, n'ufent guères, eux, leurs femmes & leurs Fnfants, que d'eau pour boiffon, dans le courant de la femaine.

Malheureufement, les chefs de famille de cette claffe cherchent & tachent enfuite, les Dimanches & Fêtes, de fe dédommager, autant que cela dépend d'eux, fouvent même au-deffus de leurs moyens. Il feroit à défirer qu'il en fût du vin comme du pain, dont la confommation eft très-rarement portée à l'excès. Mais ce vœu ne peut qu'être abfolument ftérile. Le pain n'eft que pour le befoin. En-fus du befoin, le vin fait fou-

vent illufion, flatte & alimente d'ailleurs la paffion qu'il a fait naître.

Parmi les vins françois, ceux de Bourgogne, de Champagne, de Bordeaux, de Cahors & de la côte du Rhône, jouiffent, à bon titre, de la plus grande réputation. Les premiers, fur-tout, font principalement célèbres par leur parfum, par leur délicateffe & leur falubrité. Sans-doute que le fçavant & zélé M. Antoine Gemelli, ci-devant profeffeur Royal d'éloquence latine, dans l'univerfité de Saffari, en Sardaigne, ne les connoiffoit pas affés, quand il a cru pouvoir leur comparer les vins de Frioul. Il a vû avec étonnement qu'à Venife, le vin de Bourgogne, tiré même en droiture de cette province, fe vendoit quarante fois plus cher que celui du crû de Frioul. Il a attribué cette différence extrême, dans le prix, à l'empire tyrannique de la mode. Il n'a pas voulu fçavoir & s'affurer, que, malgré l'affertion de M. Antoine Zanon, homme d'ailleurs de beaucoup de mérite (mort à Venife le 4. Décembre 1770, à 74. ans,) le vin vieux de Bourgogne, de bon crû & des premières cuvées, pourroit, à caufe de fes excellentes qualités, peut-être incomparables, & non à caufe de la mode, être vendu bien plus cher encore que le prix qu'il cite. Mais, il eft un terme au prix de toute denrée quelconque; & ce terme doit être tel que les confommateurs puiffent y atteindre.

Le commerce des vins, des eaux-de-vie & des vinaigres eft, en France, très-confidérable & infiniment avantageux à la Nation.

On remarque qu'en tout temps de l'année, il fe trouve ordinairement, dans le feul port de Bordeaux, autour de cent vaiffeaux, & fouvent plus de cinq cents à la fois, pendant les foires de Mars & d'Octobre, tous employés à y charger des vins, des eaux-de-vie & des vinaigres.

La récolte en vin de la feule Sénéchauffée de Bordeaux, s'élève, année commune, à la quantité d'environ deux cents mille tonneaux, chacun de mille pintes, mefure de Paris. De-là, le tonneau doit contenir 3. ⁷⁄₉. muids, chacun de 288. pintes; & les cents mille tonneaux repréfenteront la quantité de 381, 944. ⁴⁄₉ muids, à 288. pintes par muid.

Voici l'état, à-peu-près exact, de la quantité de vin & d'eau-de-vie qui s'exporte, annuellement, par le feul port de Bordeaux.

	Vin.	Eau-de-vie.
	Tonneaux	Pièces
Par les Hollandois....	50, 000.	12, 000.
Par les Anglois......	6, 000.	400.
Par les Suédois......	4, 000.	250.
Par les Danois......	4, 000.	250.
Par les Hambourgeois..	6, 000.	400.
	70, 000.	13, 300.
Par les Lubeckois, les Bremois & par les François, à leurs Colonies......	30, 000.	7, 500.
TOTAL...	100, 000.	20, 800.

Le prix des vins, de même que celui des eaux-de-vie, varie. Il dépend de l'abondance & de la qualité de cette denrée. Ce prix fe balance ordinairement depuis foixante jufqu'à trois & même quatre cents livres.

Ce n'eft pas feulement par le port de Bordeaux que fe fait en France le commerce des vins & des eaux-de-vie. Il eft, pour l'expédition de cette denrée, quantité d'autres débouchés, nommément l'Ifle de Ré, l'Ifle d'Oleron; les ports de la Rochelle, de Nantes, de Rouen, &c. fur l'Océan : ceux de Cette, de Marfeille, de Toulon, &c. fur la Méditerranée.

C

Il se fait aussi par terre, & par la voye des Rouliers, des expéditions très-considérables, sur-tout des vins fins de Bourgogne & de Champagne, qui passent aux pays-Bas & en Allemagne.

En Bourgogne, les vins de la première qualité, tels que ceux du Clos de Vougeot, près de Cîteaux, & ceux de la dépendance des Chartreux, à Dijon, se vendent souvent jusqu'à 2000 liv. la Queue, de 432. pintes, mesure de Paris. C'est à raison de 1333 liv. 6 s. 8 d. le muid de 288. pintes; ou, de 4 liv. 12 s. 7. ⅓. deniers, la pinte.

Les vins de Cahors jouissent aussi de beaucoup de célébrité, & se vendent fort cher. Il en est de même des vins de la côte du Rhône, parmi lesquels on distingue principalement les vins de Vienne, de l'Hermitage, de S. Peré. Les premiers, ceux de Vienne, se vendent, sur le lieu même, de 40 s. à 3 liv. la pinte.

Les vins de la Moselle & du Rhin doivent être attendus fort long-temps. Mais, les vins de la province de Roussillon sont, je crois, ceux qui peuvent être conservés pendant un plus grand nombre d'années. J'en ai goûté de cinquante ans: c'étoit une espèce de baume précieux.

Tout compris, l'exportation des vins, des vinaigres & des eaux-de-vie, du crû de France, peut, sans exagération, être estimée, année commune, à la somme, au moins, de vingt millions de livres.

Le *Cidre* & le *Poiré* sont la boisson la plus commune dans toute la province de Normandie. L'usage en est également familier dans une partie de la Bretagne & de la Picardie. Il n'est pas, non plus, inconnu à Paris. On peut en estimer, au total, la consommation autour d'un million de muids, chacun de 288. pintes.

L'usage de la *Bière* est établi en Flandres, en Artois & en Haynault. C'est la boisson ordinaire des habitants de ces trois provinces. Ceux d'Alsace, de la généralité de Metz, de Lorraine & de Picardie en font également un grand usage. A Paris, la consommation de la Bière est très-considérable, & surpasse de beaucoup celle du vin, qui y est estimée à cent mille muids, par an. Ce qui s'en consume ailleurs (dans le reste du Royaume, tout compris) peut être estimé à 900. mille muids, & par-conséquent, la totalité, dans toute l'étendue du Royaume, à un million ou douze cents mille muids.

VII. *Les Bois.* A raison seulement d'une corde ou de deux voyes de bois, (la corde faisant le poids d'environ cinquante quintaux,) pour l'usage de chaque famille, il faudroit la quantité d'environ six millions de cordes, ou douze millions de voyes, pour la consommation des habitants du Royaume. Et encore, dans cet état de consommation ne seroit point compris le bois employé par les fabriques ou manufactures, telles que celle de glaces, de fayance, de savon, les raffineries de sucre, les verreries, &c.

Par ordonnance du Roi, après la réforme dans les troupes, faite au mois de Janvier 1737, il étoit fourni, dans le département d'Alsace, vingt-cinq cordes de bois, pendant six mois d'hiver, & la moitié de cette quantité pendant les autres six mois, à chaque bataillon d'Infanterie, composé d'environ cinq cents cinquante hommes, Officiers compris. C'étoit, par an, 225. cordes par bataillon.

Par ordonnance du 15. Avril 1718. sa Majesté ordonne que, pendant l'hiver, c'est-à-dire, pendant les mois de Novembre, Décembre, Janvier, Février & Mars, au lieu de bois en nature, qui est fourni sur les frontières, il soit donné, dans ces provinces, chaque jour; sçavoir, aux Soldats & dragons six deniers, aux Cavaliers huit deniers, aux Gendarmes & Chevaux-Légers un sol; & aux Sergents d'Infanterie, six deniers de plus. C'étoit, par homme d'Infanterie, à six deniers par jour; 3 liv. 15 s. pour les cinq mois d'hiver.

La corde, divisée en trente cercles, doit être de quatre pieds de haut, sur huit de longueur. Le 28. de Février 1740. cette corde de bois de chauffage, à l'usage des troupes, étoit payée, à Landau, à raison de 9 liv. 10 s.

Le faisceau de gros bois, à l'usage des Corps-de-garde, doit avoir trois pieds six pouces de circonférence, & trois pieds quatre à cinq pouces de longueur.

Chaque fagot doit avoir un pied & demi de circonférence; sa longueur doit être pareille à celle du faisceau de gros bois. *Réglément du 25. Octobre 1716.*

Assés généralement, le tiers des bois du Royaume est réservé pour croître en haute-futaie, nécessaire aux édifices tant publics que particuliers.

Des deux autres tiers, il se forme des coupes réglées, qui se font ordinairement de vingt ans en vingt ans.

De-là, de 18. millions d'arpents de bois, que la France contient, six millions d'arpents seront réservés pour croître en haute-futaie.

Des douze autres millions d'arpents, il résultera une coupe annuelle de 600. mille arpents, qui, à raison de quinze cordes par arpent, donneront neuf millions de cordes de bois, non-compris les fagots, les charbons, le brétillage & le mauvais bois.

Cette quantité de cordes de bois sera certainement suffisante à la consommation des habitants du Royaume, sur-tout si l'on fait attention aux divers moyens de chauffage que présentent d'ailleurs la tourbe, la houille ou charbon de terre, les bois des arbres fruitiers, les hayes, les vignes, &c.

Cependant, tout calculé, il n'en est pas moins vrai qu'en général, la masse des habitants du Royaume est mal chauffée. C'est parce que le bois y est trop cher. Sans-doute il le seroit moins, s'il étoit plus abondant.

Cette observation avoit déja été faite dès le regne de Henri IV. Dès ce temps-là, on appréhendoit de n'avoir pas toujours assés de bois, sur-tout pour la charpente & la construction. C'est ce qui détermina à ordonner qu'il seroit planté un certain nombre de chênes dans le district de chaque paroisse du Royaume. Il n'y a pas long-temps qu'il existoit encore de ces chênes, que l'on appelloit des *chênes de Sully*, parce qu'ils avoient été semés ou plantés pendant l'administration de ce grand homme.

Cent arbres de haute-futaie, qui seroient plantés le plus près possible de chaque Eglise paroissiale du Royaume, de celles sur-tout des villages, procureroient de l'agrément & donneroient des espérances bien fondées. Ce seroit le nombre d'environ quatre millions de pieds d'arbres.

Les bords des chemins de France sont, en grande partie, plantés d'arbres. Les Romains en usoient de même. Ovide parle des noyers, qui étoient assaillis par les passants.

Quelques écrivains ont avancé qu'en France le terrain converti en chemins, occasionnoit à la Nation une perte immense. Ils n'ont pas calculé, & n'ont pu, par-conséquent, sçavoir, que tous les chemins du Royaume, tant les grands (de 42. pieds,) que ceux de traverse & autres, de communication, ne forment point ensemble une aire ou surface de dix-sept cents mille arpents. Il est d'ailleurs une très-grande quantité de ce terrain qui ne pourroit être d'aucune valeur.

VIII. *Les Terres labourables.* Elles sont comptées pour quarante millions d'arpents. Ce seroit un arpent & $\frac{32677}{24339}$ pour chacun des 24, 129, 200. habitants.

Vers l'an 376. avant J. C. Caïus-Licinius Stolon étant préteur, il fut porté à Rome, une loi qui ordonnoit qu'à l'avenir nul chef de famille ne pourroit posséder, en propriété, plus de cinq cents *Jugera* en fonds de terre. C'étoit environ 285. ⅖ de nos arpents, chacun de 1344. ⅔. toises.

Vers ce temps-là, & depuis, au temps de Columelle, les prés, les pâturages & les bois étoient d'un bon rapport, lorsqu'un *Jugerum* rendoit, par an, cent sesterces. C'étoit 200. grains, pésant, d'argent fin, qui, en monnoie actuelle, représenteroient la somme de 47 s. 1. ½. denier. De-là, le produit des 500. *Jugera* représenteroit la somme de 1177 liv. 5 s. 5. ½. deniers.

A 25 s. le septier de bled, les 200. grains d'argent fin auroient produit la quantité (un peu plus) de deux cinquièmes de septier : Et les 500. *Jugera* auroient valu au propriétaire, environ 200. septiers de bled, qui, à 20 liv. le septier, représenteroient la somme de 4000 liv. en monnoie actuelle.

En France, comme ailleurs, les Terres labourables font partagées en trois cours, dont deux en culture, & l'autre en repos.

Ceux en culture sont ensemencés, l'un de bon bled (froment & seigle ;) & l'autre d'orge ou d'avoine.

Tel que soit, en France, le produit des terres, il est constant qu'année commune, la semence déduite, il ne s'y recueille guères au-delà de la quantité de cinquante millions de septiers de grains, en froment & seigle, y compris même une certaine quantité d'orge, d'avoine, de sarrasin, de mil & d'autres grains, dont le peuple fait du pain. Tel est le résultat que j'ai obtenu par des recherches immenses, & par le moyen des dixmes, tant Ecclésiastiques que Séculières; par la connoissance des cens, ainsi que du produit des divers moulins à eau & à vent, joint à celui qui provient du poids de la farine, dans les lieux où cet usage est établi; & enfin par les consommations, de même que par les emplois aux fours bannaux & autres.

Ayant été à portée de consulter des états très-exacts, tant d'exportation que d'importation de bled, de 1715. à 1760; j'ai reconnu que l'importation excédoit, au total, d'environ 22. millions 500. mille septiers la quantité des bleds exportés; & que, par conséquent, il avoit été importé, année commune, environ 500. mille septiers en-sus de la quantité de septiers exportés. C'étoit donc, année commune, un *déficit* à la subsistance nationale, de la valeur de sept millions 500. mille livres, le septier de bled étant estimé seulement quinze livres.

Il n'y a cependant nul doute qu'année commune, sur-tout dans l'espace de 45. années, il ne se recueille, en France, semence déduite, environ deux millions de septiers de bled en-sus de ce qui est nécessaire à la consommation. La différence a donc été de deux millions 500. mille septiers. Or, cette différence ne peut avoir été occasionnée que par l'avidité, les mauvaises manœuvres ou le défaut d'intelligence de ceux qui se sont mêlés du commerce de bled. Cette denrée a été tourmentée, fatiguée, avariée, détruite. De-là, le *déficit*.

Il existe, en France, plus de trois mille maisons de l'un & de l'autre sexe, environ 650. Chapitres de Chanoines, & environ 40. mille Curés. L'excédent des récoltes de bled, acheté par la Nation, en *papier-monnoie*, ne pourroit-il pas être réparti entre ces divers établissements, qui, sans-doute ne se feroient point une peine & encore moins un scrupule d'en avoir soin?

Les Boulangers, répartis dans les diverses provinces du Royaume, ne pourroient-ils pas être obligés à se trouver constamment pourvûs de telle ou telle quantité de bled? Le moyen pour l'achat de cette denrée ne pourroit-il pas leur être fourni aussi en papier-monnoie, que cautionneroient les divers Arrondissements, qui partageroient, d'une manière nouvelle, les différentes provinces & généralités du Royaume?

Mais, les grains ne sçauroient être mieux conservés que par les propriétaires ou les Fermiers des terres labourables, qui sont, en France, au nombre d'environ 404. mille chefs. (Tel est, du moins, le nombre de charrues.) A raison seulement de dix septiers, l'un dans l'autre, ce seroit, pour la Nation, une réserve de quatre millions de septiers. Mais il faudroit que ce grain appartînt, en toute propriété, à la Nation, qui, par-conséquent, devroit l'avoir acheté, au temps de la recolte, toujours par le moyen du papier-monnoie.

Ce seroit ainsi que, dans l'espace d'environ dix années, il pourroit y avoir, en France, une année d'avance, en grain nécessaire à la consommation des habitants & aussi à celle des animaux. Alors, plus de disette, plus de famine à craindre, telle que pût être à l'avenir l'intempérie des saisons; parce qu'il est moralement contre l'ordre de la nature que les recoltes en grain puissent jamais manquer totalement, ni même de moitié, dans l'ensemble du Royaume.... (*Voyés* la Déclaration du Roi, du 3. Avril 1736., qui ordonne que les Communautés Séculières ou Régulières, &c. situées près des rivières, jusqu'à la distance de 40. lieues de Paris, seront tenues d'avoir en provision la quantité de bled nécessaire pour leur subsistance pendant trois années ... Et cela, pour faciliter, dans l'occasion, la subsistance des habitants de la ville de Paris.)

L'art de faire le pain, qui depuis environ deux cents ans, a fait tant de progrès, sur-tout en France, ne devroit-il pas être protégé & distingué d'une manière particulière?

Indépendamment des administrations municipales, ne seroit-il pas avantageux qu'il y eût, dans chaque généralité du Royaume, un ou deux *Boulangers provinciaux*, choisis parmi les plus intelligents & les plus zélés de cette profession; & qui seroient payés, traités & recompensés en raison des soins qu'ils se donneroient, ainsi que des découvertes qu'ils feroient relativement à la conservation des grains & à la confection du pain?

On s'est beaucoup occupé, dans ces derniers temps, des moyens de pouvoir diminuer la quantité de la consommation des grains jusqu'à présent employée à faire du pain, en les suppléant par des racines, entr'autres par des pommes de terre, connues de tout temps, & toujours réduites à leur juste valeur. Il est sans-doute très-louable d'avoir cherché à multiplier la subsistance des peuples. Mais, n'y auroit-il pas lieu à plus de reconnoissance, si l'on parvenoit à augmenter non seulement la quantité, mais encore la qualité de la subsistance?

C'est de la culture du froment, de l'augmentation de cette culture, dont il eût été plus important & plus utile que l'on se fût occupé. C'est, au moins en France, la nourriture la plus convenable à la masse de la Nation, qui, d'ailleurs ne se nourrit principalement que de pain.

Quelque cas que les Limosins fassent des châtaignes, & les Alsaciens des pommes de terre; c'est toujours avec un empressement extrême & avec la plus grande satisfaction que les uns & les autres se nourrissent de pain de froment, toutes les fois qu'ils en ont le moyen.

Au-surplus, c'est sans-doute avoir une trop grande opinion de l'humanité, quand on suppose que les chefs de famille, en très-grand nombre, d'une Nation très-considérable, ne manqueront jamais ni des moyens, ni de l'intelligence nécessaires pour se procurer la subsistance dont ils ont besoin, eux & les divers individus qui composent leurs familles.

L'expérience, trop souvent répétée, est plus que suffisante pour prouver que, sans une attention suivie & constante de la part du chef de la Nation (le chef suprême de toutes les familles,) il arrivera fréquemment que quantité d'individus manqueront de subsistance, ou en totalité, ou, au moins, en partie. En manquer en partie, n'en pas avoir autant qu'il faut, c'est se consumer à petit feu, & périr insensiblement par le genre de mort le plus affreux.

Combien est juste la définition que le célèbre Confucius donne de l'art de regner ! Ce n'est au fond, dit-il, que l'art de donner à manger aux peuples. *Martin Martini.*

La consommation totale des habitans de la France, à raison de deux septiers par personne, le fort portant le foible, s'éleve à la quantité de 48. millions 400. mille septiers. De-là, l'excédent de la recolte n'est, comme il a été dit, que d'environ deux millions. De cet excédent sont à déduire encore les farines exportées aux Colonies Françoises de l'Amérique, & destinées à la subsistance (avant la guerre actuelle) d'environ soixante & dix mille habitans *blancs*, de tout âge & de tout sexe, qui y étoient domiciliés, non-compris environ 21. mille Noirs ou Mulâtres libres, non-plus qu'environ 381. mille Esclaves, employés dans ces mêmes Colonies, & auxquels le Manioc & d'autres racines tiennent lieu de pain.

Le septier de bled, en toute farine, de 240. livres, poids de marc, produit 216. rations de pain, qui, à 24. onces par ration, donnent la quantité de 324. livres de pain.

Les deux septiers produisent donc 648. livres de pain. C'est à raison d'une livre 12.$\frac{133}{27}$ onces, pour chacun des 365. jours de l'année. De-là, un septier & trois quarts de septier de bled produiroit la quantité de 378. rations de Soldat d'Infanterie, toujours à 24. onces par ration. Mais, quel pain que celui en toute farine, & sans aucune soustraction de son !

Malgré les ressources de la chymie, il ne sera jamais prouvé que la partie ligneuse, qui forme l'écorce du grain, puisse être digérée par tous les estomacs ; qu'elle ne les fatigue pas infiniment ; qu'elle ne les mine & ne les détruise pas, plus ou moins sensiblement.

Il est vrai, dans tels & tels districts de l'Europe Septentrionale, il arrive quelquefois que les habitans soient obligés de faire une espèce de pain de certaine écorce d'arbres, réduite en poudre ou en farine. Mais, ce n'est jamais qu'en temps de calamité, par le défaut absolu d'une meilleure subsistance.

Il est également arrivé, en France (nommément en Anjou, dans l'hiver de 1740. à 1741.) que quantité d'habitans furent réduits à se nourrir d'une espèce de pain, fait avec la racine de fougère, séchée au four, & réduite en poudre. Mais, c'étoit un très-grand malheur pour eux & pour l'état. (Le 7. de Janvier 1741. le septier de froment valoit aux environs de Paris, 52. ll. 16. s. — Le prix de cette denrée étant élevé à un certain point, le peuple ne peut plus y atteindre ; & alors c'est tout comme si elle manquoit absolument.)

D'un septier de bled, de 240. livres, poids de marc, il se tire ordinairement 270. livres de bon pain, dit de ménage. Le prix du septier étant de 20. livres, le prix de ce pain revient à 17.$\frac{7}{9}$ deniers, non-compris toutefois les frais de moulin, de bluttage & de cuisson ; qui sont à-peu-près compensés par le prix d'environ 36. ou 38. livres de son, extraites de ce septier de bled.

De même, le septier de 240. livres, poids de marc, produisant 324. livres de pain, en toute farine ; & le prix du septier étant de 20. livres, la livre de ce pain reviendra à 14.$\frac{80}{81}$ deniers ; & sa

livre & demie, ou la ration de 24. onces, à 22.$\frac{5}{27}$ deniers.

Les *Recoltes en Avoine* peuvent être estimées, assés exactement, année commune, semence déduite, autour de 25. millions de septiers, chacun de 24. boisseaux, & par-conséquent double du septier de froment & de seigle.

Par Ordonnance, du 13. Juillet 1727. il doit être distribué, par jour, à chaque cheval de Cavalerie, un boisseau d'avoine. De-là, les 25. millions de septiers, qui donnent 600. millions de boisseaux d'avoine, fourniroient à la subsistance d'un million 643. mille 836. chevaux de Cavalerie, à raison de 365. boisseaux pour chacun, par an. Mais, il s'en faut de beaucoup que tous les chevaux du Royaume soient aussi bien traités. Assés communément, on ne distribue, dans l'année, à chacun que dix boisseaux d'avoine, à plusieurs même la moitié, le quart de cette quantité, & même moins.

(On donne ordinairement, par jour, à un cheval en pension, à Paris ; une botte de foin du poids ordinaire, deux bottes de paille, & trois quarts de boisseau d'avoine. Il en coûte, aussi par jour, 40. sols pour cette nourriture, y compris les pansemens.)

A la fin d'Octobre & au commencement de Novembre dernier (1779.) le cent de bottes de foin se vendoit à Paris, 47. livres ; le cent de bottes de paille, 17. livres ; & le septier d'avoine, de 24. boisseaux, 19. livres 10. sols : tout cela de la première qualité.

D'après ces prix : pour une botte de foin . . . . 9. s. 4. d. $\frac{18}{25}$
Pour deux bottes de paille (chacune à 3. s. 4. d. $\frac{20}{25}$). . . 6. s. 9. d. $\frac{16}{25}$
Pour trois quarts de boisseau d'avoine (le boisseau à 16. s. 3. d.) 12. s. 0. d. $\frac{15}{25}$

Nourriture . . L. 1. s. 8. d. $\frac{7}{25}$
Pansemens. . . . . 11. s. 8. d. $\frac{18}{25}$

TOTAL L. 2. 0. s. 0. d.

Dans la masse de la recolte de 25. millions de septiers d'avoine, sont aussi compris les orges.

De cette même quantité de 25. millions de septiers, sont à déduire les orges & les avoines, employés par les habitans à faire du pain, & aussi ceux destinés à engraisser la volaille.

Le second de ces articles, celui des grains employés à nourrir & à engraisser la volaille, emporte la quantité, au moins, de trois millions de septiers.

L'article de la Bière, dont la consommation est très-considérable à Paris & dans les Provinces Septentrionales du Royaume, absorbe également une grande quantité de grains.

Dans l'Angleterre seule, non-compris l'Ecosse ni l'Irlande, il se consomme, année commune, pour la confection de la Bière, environ quatre millions de Quarters d'orge : ce qui revient à sept millions 400. mille septiers de France, le poids du Quarter étant estimé à 444. livres, poids de marc de France. (Selon Ricard & quelques autres, le Quarter de froment iroit quelquefois jusqu'à 480. livres, ce qui représenteroit le poids de deux septiers de France.)

Feu M. l'Abbé *Antoine Genovesi*, très-sçavant Professeur Royal à Naples, a écrit qu'au Royaume de ce nom, les terres rapportent, les unes quatre pour un, & les autres jusqu'à douze pour un. De-là, il a déduit la moyenne proportionelle de huit pour un.

Le sol de France n'est point, en général, aussi fertile. Il est vrai que dans le Vexin, dans quelques districts diftricts de la Beauce, de Picardie, d'Artois, de Bourgogne, du Haut-Languedoc, & de plufieurs autres provinces, on recueille, par arpent, la quantité de huit à neuf feptiers de bled, mesure de Paris, tandis-que la quantité de semence n'y monte, au-plus, qu'à un septier : ce qui ne feroit que le huitième ou le neuvième du produit.

Mais, en général, même dans les bons cantons des diverses provinces, où l'arpent rapporte quatre feptiers, on feme d'abord fix boiffeaux, & fur la fin des femailles, jufqu'à fept & huit. Les moindres terres, qui ne produifent que deux à trois boiffeaux par arpent, s'enfemencent de cinq à fix boiffeaux. On peut inférer de-là, qu'en France, en prenant un milieu, la femence doit-être eftimée au fixième du produit des terres.

De-là, la totalité des recoltes en grains doit être eftimée à 120. millions de feptier, dont 20. millions, ou le fixième, pour les femences.

Ce calcul eft fait d'après *Budée*, (liv. 5. pag. 143.) qui cite Columelle, liv. 12. Varron, lib. 1. *de re ruftica*, chap. 44. & Pline, liv. 18. chap. 24.

Varron veut qu'il foit femé, par *jugerum*, quatre boiffeaux de fèves, cinq de froment ou de feigle, fix d'orge, & dix d'une efpèce de grain, appellé *Far*.

Le poids du grain n eft pas & ne peut pas être conftamment le même. Il dépend de plufieurs caufes, & principalement des faifons, plus ou moins favorables, plus ou moins fèches ou humides.

Suivant les années & la qualité du grain, le feptier de froment-pefera depuis 205. jufqu'à 240. 244. & même 248. livres.

Le grain fe confervera toujours d'autant mieux, qu'il fera plus fec & plus dur. Mais la farine prendra auffi plus d'eau : elle fera de meilleur pain & plus fubftantiel.

De-là, quelle erreur & quel abus, quand, en France, on exporte les bleds nationaux, prefque toujours de bonne qualité, pour les remplacer par des bleds des pays feptentrionaux, tels, par exemple, que ceux de Pologne, & nommément les bleds du Palatinat de Sendomir, qui, quoiqu'ils ayent été féchés avant que d'être vendus, fur les lieux, ne peuvent jamais valoir, fous aucun rapport, autant que ceux du crû de France !

Il fe peut bien que le marchand François faffe à ce commerce, quelque profit particulier, & qui lui foit propre ; mais la Nation y perd réellement.

Poids relatif de différentes efpèces de Grain.

	Poids du feptier de la même capacité.
Froment. . . .	240. livres.
Seigle.	210. $\frac{12}{15}$.
Orge.	194. $\frac{14}{15}$.
Avoine	126. $\frac{6}{15}$.

Le *Tonneau* de mer, de 42. pieds cubes, eft eftimé à 2000. livres poids de marc. Et ce tonneau repréfente la quantité de 8. $\frac{1}{3}$. feptiers de froment, chacun de 240. livres, poids de marc.

D'après l'état actuel des chofes, & d'après certaines combinaifons, le feptier de bled fe vendant, en France, depuis environ deux ans, à 20. livres, il eft à préfumer qu'il n'y a actuellement, & que même, depuis ces deux années, il n'y a que le grain néceffaire à la fubfiftance des habitants.

» Si le prix du feptier de bled venoit à tomber, » tout-à-coup, à dix livres, on auroit un an de » bled d'avance, outre ce qu'il faudroit pour ga- » gner la moiffon. S'il arrivoit qu'il ne valût que » 7. ll. 10. f., on auroit d'avance deux années, » outre ce que l'on pourroit confommer jufqu'à » la moiffon. Au-contraire, quand il fe vendroit » 40. livres le feptier, on n'auroit de bled que la » moitié de ce qu'il faudroit pour attendre la moif- » fon. S'il valoit 80. ll., il n'y en auroit que le » quart ; mais une infinité de perfonnes fe privant » de cet aliment, lorfqu'il eft à un prix exceffif, » ce feroit alors que fe vérifieroit le proverbe : » *Cherté foifonne.*

» S'il n'y avoit aucune efpérance de recolte fur » les grains confiés à la terre, le problème fe » compliqueroit ; & du jour que l'on auroit re- » connu que les bleds font abfolument perdus, » quoique l'on en eût une année devant foi, outre » ce qu'il faudroit pour arriver au temps de la » moiffon, le feptier de bled, qui étoit à 11. ll. » 2. f. 6.d., fe rapprocheroit affés brufquement de » 20. livres ; mais il ne pafferoit pas ce prix dans » le cours de l'année ; à moins qu'elle ne parût » encore tourner mal ; au lieu que fi les grains en » terre avoient promis un quart de plus qu'une » recolte ordinaire, le feptier de bled, aux ap- » proches de la moiffon, tomberoit encore, pro- » bablement, au-deffous de 11. ll. 2. f. 6. d.

Combien il feroit intéreffant pour les peuples, qu'un problème auffi important que celui dont la formule vient d'être tracée, fût faifi, difcuté & réfolu jufqu'à la démonftration mathématique ! L'entreprife eft praticable, & le fuccès poffible.

Je le répète : on a cru, mal-à-propos, pendant long-temps, d'après de fauffes bafes, ou plutôt parce que l'on en manquoit abfolument, qu'année commune, la quantité de grain qui fe recueilloit en France, s'élevoit de beaucoup au-deffus de ce qui étoit néceffaire à la confommation des habitants. De-là, ces fpéculations vagues & hazardées, dont les effets ont été conftamment au défavantage du peuple & de la Nation, même du Roi, en particulier, puifqu'il doit être regardé comme le premier & le plus grand confommateur de fon Royaume, principalement à caufe de la quantité de troupes qu'il entretient à fa folde.

IX. *Revenu général de la Nation.* Le voici, d'abord tel qu'il a été publié, il y a environ douze ans, par des Ecrivains célèbres, qui ont cru devoir le défigner par le titre d'*Economiftes.*

Nombre d'Arpents.		Revenu annuel.
6,000,000.	en *Prés & Pâturages.*	146,800,000. ll.
30,000,000.	en *Bois.*	146,125,000.
1,600,000.	en *Vignes.*	93,087,600.
30,000,000.	en *Terres labourables.*	589,500,000.
67,600,000.	TOTAL.	975,512,600. ll.

Au fujet des Terres labourables, il eft à remarquer que M. M. les Economiftes n'ont point compris, dans la fomme de 975. millions 512. mille 600. livres, les frais & avances des Fermiers, tant de la grande que de la petite culture. Ils ont eftimé les premiers à la fomme de 142. millions ; & ceux de la petite culture à 300. millions de livres. Ces deux fommes réunies forment enfemble une fomme de la valeur de 442. millions. De-là, la fomme totale, ci-deffus, de 975, 512, 600. liv. fe trouvera élevée à celle d'un milliard 417. millions 512. mille 600. livres. M. M. les Economiftes n'ayant pas parlé des frais pour l'exploitation des prés, des bois & des vignes, je n'en dirai rien non-plus.

Revenu Général de la Nation, d'après mes recherches & d'après mes calculs.

Nombre d'Arpents.		Re-enu annuel.
2,600,000.	en *Vergers*, en *Jardins potagers & à fruits* . . .	39,000,000. ll.
15,000,000.	en *Prés & en Pâturages* : I.re *Coupe* . . .	870, 00,000.
	Regain. . . .	435,000,000.
	(La botte de foin sec à 4. sols.)	
4,000,000.	en *Vignes. Dix millions de muids de Vin*, *seulement à* 25. *ll. le muid.*	250,000,000.
18,000,000.	en *Bois. Hautes-futayes*. . . .	18,000,000.
	Taillis. Neuf millions de cordes, à 12. *L. la corde.*	108,000,000.
40,000,000.	en *Terres labourables.*	
	22. *millions de septiers de froment*, à 20. *L. le septier.* . .	640,000,000.
	18. *millions de septiers de seigle & d'orge. Le seigle à* 9.ll. & *l'orge à* 8. *ll. le septier.* . . .	153,000,000.
	25. *millions de septiers d'avoine*, à 18. *L. le septier* (*double*) . .	450,000,000.
79,600,000,		2,963,000,000. ll.

Sel, Mines, Carrières, les pailles des grains, & quantité d'autres articles, au moins. 37,000,000.

TOTAL. 3,000,000,000. ll.

Le produit des Salines, des Mûriers à nourrir les vers-à-soye ; de même que celui des légumes des huiles, des fruits secs, &c. se trouve confondu ou avec le produit du dernier article, évalué à 37. millions de livres, ou avec celui des vergers & des jardins utiles.

Par Ordonnance du 20. Avril 1734., le Roi a fixé à sept livres le minot (de cent livres, poids de marc,) non-compris deux livres un sol six deniers pour les droits manuels, le prix du sel nécessaire à la consommation des troupes, dans les pays seulement où la Gabelle a lieu. Cette fourniture doit être faite par les Receveurs des greniers-à-sel, à raison d'un quart de minot de sel, par mois (ou de trois minots, par an,) pour quarante-deux Gendarmes, Cavaliers, Dragons ou Soldats. C'est à raison d'un minot, par an, pour quatorze personnes, ou de sept livres & ½. de livre pesant pour chaque personne.

D'après cette proportion, la consommation de sel, faite annuellement par les 24, 129, 200. personnes, que contient la France, ne s'élèveroit qu'à la quantité de 172. millions 351. mille 428. ½. livres pesant, qui représenteroient la quantité d'un million 723. mille 514. minots, plus 28. livres & deux septièmes de livre.

Mais, dans cette quantité ne seroit point comprise la consommation, très-considérable, qui se fait au sujet des viandes, du poisson, du beurre & autres denrées, que l'on sale pour les conserver. On n'y comprendroit pas, non plus, le sel destiné au bétail, auquel il est absolument nécessaire pour lui donner de l'appétit, pour le conserver en santé, pour le rétablir dans nombre de maladies, & dont malheureusement il n'est que trop souvent privé, uniquement à cause de la cherté de cette denrée, d'ailleurs très-abondante en France.

De-là, on peut, sans crainte d'exagération, estimer à environ trois millions de minots, la consommation de sel qui se fait annuellement dans le Royaume, non-compris le sel, en très-grande quantité, qui est exporté par les étrangers, avec d'autant plus d'empressement & de satisfaction, que le sel de France est réputé & reconnu pour être le meilleur qu'il soit possible d'employer aux salaisons. Le sel des pays plus septentrionaux ne sale point assés : celui des pays plus méridionaux est trop acre & trop corrosif. (Des détails ultérieurs, aux articles *Fermes Générales* & *Gabelles*, dans mon Dictionnaire des Gaules & de la France.)

Le Languedoc, le Dauphiné & la Provence, y compris le Comté-Venaissin, produisent, annuellement, six mille quintaux de Soye. La livre de 14. onces, se vend depuis 15. jusqu'à 21. livres. Au prix commun de 18. livres, cela forme un objet

de dix millions de livres. La Touraine & d'autres Provinces en produisent aussi, mais en petite quantité. De 1739. jusqu'en 1746., la France a acheté, tous les ans, de l'étranger, la quantité de 768,024. livres pesant de Soye, 136, 734. livres de bourre, & 3, 457. livres de cocon.

Il se recueille des *Huiles d'olive*, dans une partie de la Provence, du Languedoc, du Roussillon, & quelque peu en Dauphiné, seulement à commencer au midi de la montagne de Donzerre. C'est-là que commencent aussi à se faire remarquer & à devenir sensibles la température, la sérénité & la sécheresse habituelles d'un climat nouveau, qui diffère beaucoup de celui du reste de la France.

Les huiles d'olive tiennent lieu de beurre aux habitants des provinces ou districts où elles se recueillent. L'excédent de cette denrée, joint au produire des soyes, qui ne réussissent bien que sous le même climat, fournissent aux habitants des moyens de subsistance, même d'aisance, dont autrement ils seroient privés. Quel étoit dont leur sort, avant qu'ils fussent connus des Grecs & des Phéniciens, qui, les premiers, y introduisirent ces deux espèces de culture ?

La consommation en *Beurre* est estimée à raison de deux livres pesant, par semaine, ou cent livres, par an, par chaque ménage, composé d'environ cinq personnes, indépendamment du courant en viande de boucheries.

En France, une vache produit, en un jour d'été, depuis cinq jusqu'à dix pots ou vingt pintes de lait, dont il se peut tirer plus de deux livres de beurre. Mais, cela ne doit s'entendre que des vaches de la grande & bonne espèce, pareilles à celles de Hollande & sur-tout du Holstein. Malheureusement, le nombre de vaches de cette espèce n'est pas, en France, le plus considérable : il s'en faut même de beaucoup. Aussi le calcul qui porte à cinquante livres, par an, le produit net d'une vache, ne doit-il pas s'appliquer à toutes indistinctement.

La consommation du *Fromage* est prodigieuse, & ne sçauroit être calculée. Il s'en fait, en France, une très-grande quantité, (même de lait de brebis & de celui de chevre.) L'Auvergne est peut-être de toutes les Provinces du Royaume, celle qui en produit le plus. Malgré cela, il s'en importe beaucoup en France, sur-tout de Hollande & de Suisse. Seulement par la voye de Génève, il en entre jusqu'à trente mille quintaux, par an, sous le nom de Fromage de Gruyères (en Suisse.)

Les *Fruits secs*, de toute espèce, suffisent à la consommation des habitants. Il s'en exporte même une certaine quantité, sur-tout de la Touraine & de quelques autres Provinces.

Le *Tabac* qui se consomme en France, a cessé, depuis bien des années, d'être une production du sol national. Il y est apporté principalement des Colonies de l'Amérique Septentrionale, où il s'en recueille, année commune, environ 800. mille quintaux. A 20. liv. le quintal, c'est la valeur de 16. millions de livres.

Il est connu que, de 1758. à 1776., il ne s'est vendu, année commune, en France, que onze millions 711. mille livres pesant de Tabac de la Ferme, qui, à 3. liv. 4. s. la livre, a produit la somme de 31. millions 971, 030. livres. Le prix d'achat, à 27. liv. le cent pesant, ou à 5. s. 4.⅗. deniers la livre, emporte la somme de trois millions 161, 970. liv. Mais, il doit être ajouté à cette somme divers frais, qui, étant réunis, doublent à peu-près le prix de l'achat.

Par Ordonnances des 30. Juillet 1730. & 20. Avril 1734., articles 30. & 31., le *Tabac* doit être fourni, dans les Cantines, pour les Soldats, Cavaliers & Dragons des troupes du Roi, tant Françoises qu'Etrangeres, à raison d'une livre, par mois, pour chacun, & pour le prix de douze sols la livre, poids de marc.

D'après cette proportion, la consommation, faite annuellement par 4, 846, 774. individus, tant hommes que garçons, de l'âge de 20. à 60. ans, qui sont en France, s'éleveroit à la quantité de 58, 161, 288. livres, ou 581. mille 612. quintaux, & 88. livres de plus.

Les Colonies Françoises de l'Amérique fournissent à la France une très-grande quantité de denrées, qui forment ensemble une masse de la valeur, annuellement, de plus de cent millions de livres. Parmi ces denrées, le *Sucre* tient le premier rang. La France en exporte beaucoup, tant par terre, que par la méditerranée. La ville de Hambourg en tire, elle-seule, des ports de France, année commune, 44. à 50. mille barriques, qui, à raison de 400. livres pesant de sucre, l'une égalant l'autre, représentent la quantité d'environ 20. millions de livres pesant.

Mais, à l'exception d'une certaine quantité de *Poivre*, que la France se procure directement des Indes Orientales, ce Royaume ainsi que tous les autres Etats d'Europe, tire des Hollandois les diverses especes d'épiceries qui sont nécessaires à la consommation de ses habitants, telles que la Canelle, le Girofle, la Muscade, le Macis & l'huile de Canelle.

Ces divers articles d'épiceries rendent l'Europe entiere tributaire de la Hollande pour la somme d'environ cinq millions & demi de livres.

Au-surplus, tout calculé, il est constant que la balance du commerce de la France avec les pays étrangers, se trouve à l'avantage de ce Royaume, annuellement, pour la somme d'environ cinquante millions de livres, y compris toutefois le produit des *Modes*, qui forme un objet d'une valeur très-considérable.

X. *De l'Impôt & de la Subsistance.* Vers le milieu du quinzieme siecle, l'imposition, au *Royaume de Naples*, dont chaque *Feu* étoit tenu envers le Fisc, ne se montoit qu'à dix Carlins. En 1778. elle étoit estimée autour de soixante Carlins.

Le Carlin a toujours valu dix grains, & le ducat dix carlins.

De-là, le carlin répond actuellement, en monnoie de France, à 8. s. 4. d. & le ducat à 4. liv. 3. s. 4. d.

Au quinzieme siecle, l'imposition de chaque feu, au Royaume de Naples, représentoit, en monnoie actuelle de France, la somme de 4. liv. 3. s. 4. d. Cette imposition, sextuplée, étant portée à 60. carlins, il en résulte la somme de 25. livres.

M. l'Abbé *Genovesi*, le même dont il a été parlé ci-devant, ne porte qu'à 800. mille le nombre de Feux ou Familles du Royaume de Naples (le Clergé & l'état Militaire n'étant pas, sans-doute, compris dans ce nombre.) De-là, le produit de l'imposition, par Feux, à raison de 25. liv. par chaque feu, s'éleveroit à la somme de 20. millions de livres de France, égales à 4, 800, 000. ducats, chacun de dix carlins, ou de la valeur de 4. liv. 3. s. 4. d.

En France, le nombre de feux ou familles (à 4.¼. pour chaque famille,) est de 5, 677, 459. Et le nombre de cotes de capitation (à 4. seulement pour chaque cote) est de 6, 032, 300.

5, 677, 459. Familles, qui payeroient, en proportion avec celles du Royaume de Naples, chacune 25. livres, produiroient la somme de 141, 936, 475, livres. Or cette somme est encore inferieure au produit, seul, des Fermes-Générales-unies, qui, au dernier bail, a été porté à la somme de 162. millions de livres. Et ce produit ne représente, en France, qu'environ le tiers du revenu Royal.

En Suède, l'impôt & les redevances, tant fixes, qu'extraordinaires, qu'étoit obligé de payer annuellement (à l'époque de 1778) dans les provinces méridionales de ce Royaume, le possesseur d'un *Hemman* entier, se montoient à 1061. dalers & 7. oeres de cuivre, ou à 339. liv. 11. s. 9.⅘. deniers, en monnoie de France.

Un Hemman entier, de la contenance de 225. arpents de France (sur quoi il y a des observations à faire,) comprenoit quatre personnes taillables; sçavoir, le possesseur, sa femme, un valet & une servante; & n'étoient pas compris un vieux domestique, âgé de plus de 63. ans, non-plus que quatre enfants au-dessous de l'âge de quinze ans. Au total, neuf personnes, dont la nourriture & l'entretien, par an, étoient estimés à la somme de 2046. dalers de cuivre; ou, en argent de France, à 654. liv. 14. s. 4.⅘. d. C'étoit pour chaque personne, à raison de 227. dalers & un tiers d'oere de cuivre; ou, en argent de France, 72. liv. 14. s. 11.⅕. deniers.

De-là, tout compris, rentes attachées au terroir & contributions, nourriture & entretien des neuf personnes d'un Hemman entier; un tel district se trouvoit chargé, annuellement, de 3, 107. dalers & 7. oeres de cuivre; ou, en argent de France, de la somme de 994. liv. 6. s. 2.⅗. d. C'est-à-dire, qu'un Hemman entier devoit produire, en monnoie de France, la valeur, au moins, de 994. liv. 6. s. 2. d. ⅗. de denier.

Les Hemmans, au nombre de 80, 052.$\frac{176}{2561}$., qui partagent l'aire ou le sol de la Suède, ne sont pas tous égaux par rapport à leur étendue. Ils sont estimés en raison de la qualité du sol. De-là, les Hemmans contiennent depuis 225. jusqu'à 2500. arpents de France.

Quoi qu'il en soit, les neuf personnes attachées à un Hemman, supportoient ensemble, en 1778., un impôt annuel qui répondoit, comme il a été dit, à la somme de 1061. dalers & 7. oeres de cuivre; ou, en monnoye de France, 339. li. 11. s. 9.⅘. deniers. C'étoit, par tête, 37. liv. 14. s. 7.$\frac{223}{457}$. deniers. De-là, les 2, 571, 823. personnes, que l'on comptoit, en Suède, à cette époque, auroient supporté, ensemble, la somme de 97, 040, 596. liv. 19. s. & $\frac{215}{457}$. de denier. Et, d'après les proportions, la France, contenant 24, 129, 200. personnes, supporteroit, en impôt annuel, la somme de 910. millions 448. mille 336. livres 19. s. 2. deniers $\frac{1}{57}$. de denier. Mais, dans cet impôt feroient comprises, comme en Suède, toutes les redevances, tant fixes qu'extraordinaires, de même que l'entretien de l'état militaire, les frais pour les étappes, pour les charrois publics en corvées, les droits du Clergé, &c. Je ne doute pas qu'en France, telles ne soient, au moins, les diverses charges supportées par les différentes Communautés du Royaume, si même elles ne sont pas plus fortes.

Eſtimation (exacte) de la nourriture & de l'entretien de quatre perſonnes taillables d'un Hemman entier, en Suède.

	Valeur, en argent	
	de Suède.	de France.
	monnoye de cuivre.	
	Dalers. Oeres.	ll. ſ. d.
Vingt tonneaux de grain, à 27. Dalers.	540.	172. 16. 0.
(C'eſt 16.⅔ ſeptiers, à 240. livres, poids de marc; & le ſeptier à 10. liv. 9.ſ. 5.⅘ deniers.)		
Un tonneau de pois.	36.	11. 10. 4.⅘
(C'eſt environ 198. livres peſant, poids de marc.)		
Douze liſpund de viande, à 7.½ dalers.	90.	28. 16. 0.
(C'eſt 204. livres peſant, poids de marc.)		
Quatre liſpund de lard, à 12. dalers.	48.	15. 7. 2.⅖
(C'eſt 68. livres peſant, poids de marc.)		
Quatre liſpund de beurre, à 19.½ dalers.	78.	24. 19. 2.⅖
(C'eſt 68. livres peſant, poids de marc)		
Un tonneau de harengs, à 54. dalers.	54.	17. 5. 7.⅕
(C'eſt la quantité de 1000. poiſſons.)		
Deux tonneaux de ſtroemming, petits poiſſons, à 54. dalers.	108.	34. 11. 2.⅖
Seize liſpund de houblon, à 1.½ daler.	24.	7. 13. 7.½
Huit liſpund de ſel, à 2. dalers.	16.	5. 2. 4.⅘
(C'eſt 136. liv. peſant, poids de marc.)		
	994.	318. 1. 7.⅕
La moitié de ces denrées pour la ſubſiſtance d'un vieux domeſtique & de quatre enfants au-deſſous de l'âge de 15. ans.	497.	159. 0. 9.⅗
Pour vêtir & habiller toute la famille.	440.	140. 16. 0.
Pour l'entretien des Bâtiments, pour l'inſtruction des enfants, pour des œuvres de piété, &c.	115.	36. 16. 0.
TOTAL.	2.046.	654. 14. 4.⅘
C'eſt, pour chacune de ces neuf perſonnes.	227. ⅓	72. 14. 11.⅘

Au même prix, de 72. livres 14. ſols 11. deniers ⅘, pour la ſub-ſiſtance & l'entretien de chaque individu, la dépenſe, pour les 24. millions 129, 200. perſonnes, que contient la France, s'éleveroit à la ſomme de . . . . 1,755,318,869.ll. 6.ſ.8.d.

Ci-deſſus, pour l'impoſition territoriale . . . . 910,448,336. 19. 2. ½⁰⁄₁₇

2, 665,767,206.ll. 5.ſ.10.d. ⅛⁵⁄₁₇.

Eſtimation de la dépenſe, pour la ſubſiſtance & l'entretien d'un Prêtre, à Naples, en 1768.

	Monnoie de Naples.			Monnoie de France.		
		par			par	
	jour.	mois.	an.	jour.	mois.	an.
	Gr.	Gr.	Gr.	ſ. d.	liv. ſ.	liv.
Pain.	3.	90.	1,080.	2. 6.	3. 15.	54.
Viande ou poiſſon.	4.	120.	1,440.	3. 4.	5.	60.
Herbes & fruits.	3.	90.	1,080.	2. 6.	3. 15.	45.
Vin.	2.	60.	720.	1. 8.	2. 10.	30.
Aſſaiſonnement.	2.	60.	720.	1. 8.	2. 10.	32.
Feu.	2.	60.	720.	1. 8.	2. 10.	30.
Logement.	5.	150.	1,800.	4. 2.	6. 5.	75.
Vêtements.	3.	90.	1,080.	3. 6.	3. 15.	45.
	24.	720.	8,640.	1. livre	30.	360.
Pour cinq jours.			120.			5.
TOTAL.			8,760.			365.

Tel étoit le calcul que faiſoit feu M. l'Abbé Geno-veſi, célèbre Profeſſeur Royal, à Naples, mort il y a peu d'années. Quand on lui obſervoit, qu'indépen-damment de l'aumône ou de l'honoraire, de 10. à 12. grains, que l'on donnoit à Naples, pour une Meſſe-baſſe; le Prêtre, d'après les Statuts du Concile de Trente, devoit avoir d'ailleurs quelque moyens de ſubſiſtance; il répondoit qu'il étoit prouvé par le fait,

que

que quantité de Prêtres avoient été ordonnés sans aucun titre clérical bien établi. M. l'Abbé Genovesi auroit pu ajouter que le revenu de 150 livres, en monnoie de France (au capital de 3000 liv.) reconnu & déclaré suffisant, en 1563. après la tenue du Concile de Trente, avoit cessé, il y a long-temps, d'être tel. Alors, le marc d'argent fin monnoyé étant à 16 liv. 13 f. 4 d., la somme de 150 liv. représentoit la quantité de neufs marcs d'argent. Mais, le prix de ce même marc d'argent se trouvant actuellement élevé à 54 liv. 6 f. 6 d. ½., les neufs marcs d'argent de revenu annuel devroient être représentés par la somme de 488 liv. 18 f. 10 d. ¼. au capital. de 9778 liv. 18 f. 2. d. ½. l'intérêt étant à raison du denier vingt, ou à cinq pour cent.

On trouve dans les régistres de quelques Eglises de Paris, que, dès l'an 1492, l'aumône ou l'honoraire pour une Messe-basse, étoit d'un sol Parisis, où de quinze deniers tournois. Le prix du marc d'argent fin monnoyé étoit alors de 12 liv. Tournois, & le septier de bled étoit payé 15 f. tournois, qui représentoient 288. grains d'argent fin. De-là, les 15 d. tournois, pour une Messe-basse, représentoient 24. grains d'argent fin, qui procuroient 28. livres pesant de bled.

Plus ordinairement, en ce temps-là, & environ vingt-ans après, l'aumône pour une Messe-basse, se soutenant à un sol parisis, ou à quinze deniers tournois, & le prix du marc d'argent fin monnoyé étant toujours à 12 livres tournois, le septier de bled se vendoit 25 sols tournois, qui représentoient 480. grains d'argent fin monnoyé. Alors les quinze deniers tournois pour une Messe-basse représentoient 24. grains d'argent fin, & procuroient seulement 20 livres pesant de bled.

	Honoraire pour une Messe-basse.		Prix du septier de bled.		Prix du marc d'argent fin monnoyé.		
	f.	d.	liv.	f.	liv.	f.	d. 11es.
Jusqu'en 1534.	1.	3.	1.	5.	13.		
en 1556.	2.	6.	5.	15.	15.		
en 1563.	3.		8.		16.	13.	4.
en 1572.	4.		7.	17.	16.	13.	4.
en 1574.	5.		9.	15.	16.	13.	4.
en 1581.	6.		5.	10.	21.	5.	8.
en 1595.	7.		18.		20.	12.	4.
en 1607.	8.		8.	8.	22.	0.	0.
en 1670.	12.		8.	0.	28.	13.	8.
en 1700.	12.		24.	0.	34.	10.	7.
en 1709.	12.		69.	12.	43.	12.	8.
en 1710.	12.		55.	4.	43.	12.	8.
en 1726.	12.		31.	4.	54.	6.	6. 6.
en 1741.	12.		52.	16.	54.	6.	6. 6.
en 1768.	12.		38.	8.	54.	6.	6. 6.
en 1770.	12.		39.	4.	54.	6.	6. 6.
en 1775.	12.		36.	8.	54.	6.	6. 6.
en 1779.	12.		20.	0.	54.	6.	6. 6.

Depuis 1492. jusqu'en 1592. l'honoraire pour une Messe-basse, a valu au Prêtre, depuis 24. jusqu'à seulement 4. livres pesant de bled.
De 1592. à 1696. . . . . depuis 5. jusqu'à 21. livres pesant de bled.
De 1696. à 1708. . . . . de . . . 6. . . . . à 10. livres.
En 1709. 1710. & 1741. seulement environ 2. livres.
En 1768. & 1770. . . . . . . 3. livres.
En 1775. . . . . 4. livres.
En 1779. . . . . 7. livres.

Réglement (de taxe) fait, en 1307. par le Sénéchal de Poitou, lorsque le Pape Clément V. vint à Poitiers.

		Prix du septier de bled, en 1307.
Prix du marc d'argent fin monnoyé, en 1307.	4 liv.	
	En monnoie du temps..	2 liv. 10 f. 0 d.
	En monnoie actuelle. .	33 liv. 19 f. 1 d. ¼.

NOMS DES ARTICLES TAXÉS.		Prix, en monnoie du temps.	Prix, en monnoie actuelle.
		Grains d'argent fin.	
	sols. des.		liv. f. d. 440es.
Tout Boulanger & autre faiseur de pain, donnera à ses valets; sçavoir, à celui qui enfourne 4 f. 6 d. par semaine; & à chacun des autres valets, 2 f. non-compris la nourriture.			
C'est pour 52. semaines, à 2 f. 6 d. pour chacune.	156.	7257. ½	85. 11. 2. 437.
à 2 f. pour chacune.	104.	4838. ½	57. 0. 9. 438.

E

NOMS DES ARTICLES TAXÉS.	*Prix, en monnoie du temps.* ſols	d^rs.	Grains d'argent fin.	*Prix, en monnoie actuelle.* liv.	ſ.	d.	440es.
Aux meilleurs Charpentiers ou Maçons, ſans les nourrir, par jour.		18.	86. $\frac{2}{5}$.	1.	0.	4.	208.
En les nourriſſant.		12.	57. $\frac{3}{5}$.		13.	6.	432.
Aux Ouvriers communs, Charpentiers ou Maçons, par jour, ſans les nourrir.		12.	57. $\frac{3}{5}$.		13.	6.	432.
En les nourriſſant.		8.	38. $\frac{2}{5}$.		9.	0.	288.
Aux meilleurs Ouvriers à bras, Vignerons, Hotteurs, par jour, ſans les nourrir.		9.	43. $\frac{1}{5}$.		10.	2.	104.
Aux valets de Maréchaux, par jour, nourriture compriſe.		4.	19. $\frac{1}{5}$.		4.	6.	144.
Fer de cheval d'armes, le plus grand.		8.	38. $\frac{2}{5}$.		9.	0.	288.
de Roucin, de palefroi, & de grand mulet.		6.	28. $\frac{4}{5}$.		6.	9.	216.
de Roucinaille, & de mulet commun.		4.	19. $\frac{1}{5}$.		4.	6.	144.
d'Ane.		4.	19. $\frac{1}{5}$.		4.	6.	144.
Louage d'un Roucin, à chevaucher, par jour, en-ſus de la nourriture.		15.	72.		16.	11.	320.
d'un petit Roucin, également en-ſus de la nourriture.		12.	57. $\frac{3}{5}$.		13.	6.	432.
Livre de Suif.		6.	28. $\frac{4}{5}$.		6.	9.	216.
de Sain non-fondu.		7.	33. $\frac{3}{5}$.		7.	11.	32.
de Sain fondu.		6.	28. $\frac{4}{5}$.		6.	9.	216.
de chandelle de Suif, de coton & de lumignon.		8.	38. $\frac{2}{5}$.		9.	0.	288.
d'acier.		3.	14. $\frac{2}{5}$.		3.	4.	328.
La charge d'un homme, en foin.		18.	86. $\frac{2}{5}$.	1.	0.	4.	208.
celle d'un âne, bon & grand.	2.		115. $\frac{1}{5}$.	1.	7.	1.	424.
celle d'un bon & grand cheval.	4.		230. $\frac{2}{5}$.	2.	14.	3.	408.
La charge de paille, d'un bon & grand cheval.		18.	86. $\frac{2}{5}$.	1.	0.	4.	208.
Les meilleurs Souliers de Cordouan, fins, pour homme.	2.	8.	153. $\frac{3}{5}$.	1.	16.	1.	272.
de Vache, bons & fins.	2.		115. $\frac{1}{5}$.	1.	7.	1.	424.
Somme de groſſes bûches, faix de cheval commun, en bois, où l'on peut aller une fois par jour.		8.	38. $\frac{2}{5}$.		9.	0.	288.
Jalon d'huile.	4.		230. $\frac{2}{5}$.	2.	14.	3.	408.
Cuir verd, de bœuf.	25.		1440.	16.	19.	6.	240.
tanné.	23.		1324. $\frac{4}{5}$.	15.	12.	4.	236.
Peau de mouton, à toute laine.	2.		115. $\frac{1}{5}$.	1.	7.	1.	424.
Bon frein, pour roucin.	4.		230. $\frac{2}{5}$.	2.	14.	3.	408.
Une paire d'éperons.		12.	57. $\frac{3}{5}$.		13.	6.	432.
Selle à écuyer, garnie d'étriers & de poitrail.	26.		1497. $\frac{3}{5}$.	17.	13.	2.	182.
Paire de gands d'alun, bons.		8.	38. $\frac{2}{5}$.		9.	0.	288.
Les autres gands.		6.	28. $\frac{4}{5}$.		6.	9.	216.
Le cent de bourre laniſſe.	26.		1497. $\frac{3}{5}$.	17.	13.	2.	182.
Le millier de clouds à cheval.	7.		403. $\frac{1}{5}$.	4.	15.	0.	384.
Le millier de clouds à latte.	4.	6.	259. $\frac{1}{5}$.	3.	1.	1.	184.
Le millier de clouds à cordes, bons & fins.	5.	6.	316. $\frac{4}{5}$.	3.	14.	8.	156.
Peau de parchemin, le meilleur & le plus fin.		10.	48.		11.	3.	360.
commun.		6.	28. $\frac{4}{5}$.		6.	9.	216.
L'Hôtelier ne prendra, pour la grande meſure d'avoine, à la marque du Roi, que.		13.	62. $\frac{2}{5}$.		14.	7.	248.
Et pour le foin, tant pour le jour, que pour la nuit, que.		12.	57. $\frac{3}{5}$.		13.	6.	432.

Extrait de l'Ordonnance du Roi Jean, du 13. Février 1350.

Prix du marc d'argent fin monnoyé, en 1350. 9 liv.

Prix du ſeptier de bled, en 1350.

En monnoie du temps . . 24 ſ.

En monnoie actuelle. . . 6 liv. 2 ſ. 9 d. $\frac{27}{440}$.

NOMS DES ARTICLES TAXÉS.	*Prix en monnoie du temps.* ſols.	d^rs.	Grains d'argent fin.	*Prix, en monnoie actuelle.* liv.	ſ.	d^rs.	440es.
Les Batteurs en Grange ne pourront prendre, de la Saint Remy juſqu'à Pâques, que 18 deniers, par jour, ſans dépens (ſans nourriture) & non-plus.		18.	38. $\frac{2}{5}$.		9.	0.	288.

NOMS DES ARTICLES TAXÉS.	Prix, en monnoie du temps.		Prix, en monnoie actuelle.		
	sols. dⁿ.	Grains d'argent fin.	liv.	£. d.	440ᵉˢ.

S'ils battent en tache d'argent, ils auront 12 f. du muid de bled., & 8 f. du muid d'avoine & autres mars, à la mefure de Paris, & non plus.					
Et s'ils battent du bled, ils auront & prendront au vingtième, & non au-deffous, & non plus.					
Ils gagnoient, par jour, 18. livres de bled : c'étoit. .	16.	34. 1/13.	8.	0.	256.
Le pain bis d'un denier devoit pefer 15. onces & demie : & le cuit 13. onces,	1.	2. 8/13.		6.	16.
Dix-huit deniers procuroient à ces Ouvriers, en pain cuit, 14 livres ⅝. de 16. onces. C'étoit, pour chaque livre de 16 onces.	1. 1/2.	2. 2/3.		6.	205.
Les Maçons & les Recouvreurs de Maifons ne prendront ni n'auront, de la Saint Martin d'hiver jufqu'à Pâques, que 26 deniers par jour ; & leurs aides, que 16 deniers, & non plus.	26.	55. 7/13.	13.	0.	416.
	16.	34. 1/13.	8.	0.	256.
Et de Pâques jufqu'à la Saint Martin, que 32 deniers, & l'aide que 20 deniers. Il en fera de même des Tailleurs de pierre, des Charpentiers, & de leurs aides.	32.	68. 4/13.	16.	1.	72.
	20.	42. 10/13.	10.	0.	320.

Cette Ordonnance, du 13. Février 1350., avoit augmenté d'un tiers en-fus les falaires des Ouvriers, devenus plus rares, à caufe d'une grande mortalité, qui avoit récemment enlevé à la France, une quantité prodigieufe de perfonnes. (*Recueil des Ordonnances*, tom. 2. pages 353. 369. 373.)

La même mortalité avoit auffi fait des ravages très-confidérables dans les autres parties de l'Europe, fur-tout en Italie. *Voyez* Muratori, tom. 16. page 57.

Extrait de l'Ordonnance du Roi Charles VI. du 3 Novembre 1421.

Prix du marc d'argent fin monnoyé, en 1421.   12 liv.   *Prix du feptier de bled.*

En monnoie du temps. . . 3 liv. 2 f. 6 d. tournois.
En monnoie actuelle. . . . 14 liv. 2 f. 11 d. 240/440.

NOMS DES ARTICLES TAXÉS.	Prix, en monnoie du temps.		Prix, en monnoie actuelle.		
	sols. dʳˢ.	Grains d'argent fin.	liv.	£. d.	440ᵉˢ.
Septier de froment, de la première qualité. . .	62. 6.	1200.	14.	2. 11.	240.
de moyenne qualité. . .	57. 6.	1104.	13.	0. 3.	360.
de la dernière qualité. . .	50.	960.	11.	7. 1.	160.
Septier de feigle, de la première qualité. . .	40.	768.	9.	1. 1.	40.
de moyenne qualité. . .	37. 6.	681. 3/5.	8.	0. 8.	272.
Septier d'orge, de la première qualité. . .	32. 6.	624.	7.	7. 1.	280.
de moyenne qualité. . .	30.	576.	6.	15. 9.	360.
Septier d'avoine (double de celui de froment) de la Iᵉʳᵉ. qualité. .	40.	768.	9.	1. 1.	40.
de moyenne qualité. . .	37. 6.	681. 3/5.	8.	0. 8.	272.
Mouture d'un feptier de grain, enlevé & reporté par le Meunier.	1. 8.	32.		7. 6.	240.
Sans ces frais de la part du Meunier.	1. 3.	24.		5. 7.	400.
Pain blanc, de 13. onces, tout cuit, & du meilleur.	4 1/2.	7. 1/5.	1.	8.	164.
C'eft, pour 16. onces,	5 1/2.	8. 4/5.	1.	11.	396.
Pain bis, de pareil poids (de 13. onces :) le meilleur.	2 1/2.	4.		11.	140.
C'eft, pour 16. onces,	3.	4. 4/5.	1.	1.	256.
Pain de 26. onces, de même qualité que le précédent.	5 3/4.	9. 3/5.	2.	2.	14.
Pain de feigle, de 13. onces ; le meilleur. . .	2.	3. 1/5.		9.	24.
C'eft, pour 16. onces,	2 1/2.	4.	1.	11.	140.
Pinte de vin de Beaune & de l'Auxerrois : le meilleur.	15.	24.	5.	7.	400.
Pinte de vin François : le meilleur. . .	10.	16.	3.	9.	120.
Le moyen, . .	7 1/2.	12.	2.	9.	420.
Le petit vin, . .	5.	8.	1.	10.	230.
Quartier de Mouton, le meilleur : de devant. .	5.	96.	1.	2. 7.	230.
de derrière, . .	4.	76. 4/5.		18. 1.	136.
Livre de chandelle de Suif. . .	20.	32.		7. 6.	240.
Moule de buches. . .	6. 3.	120.	1.	8. 3.	240.
Le cent des meilleures falourdes. . .	50.	960.	11.	7. 1.	160.
des meilleurs Cotrets, de la rivière d'Yonne.	17. 6.	336.	3.	19. 2.	312.
de la rivière de Marne. . .	12. 6.	240.	2.	16. 7.	40.
Le cent des meilleures bourrées.	12. 6.	240.	2.	16. 7.	40.

Nota. A l'Article du prix en monnoie du temps , les fractions de denier font occafionnées par la réduction , que j'ai faite , du numéraire Parifis en numéraire Tournois. Le premier étoit plus fort d'un quart que le fecond. Douze deniers Parifis valoient quinze deniers Tournois.

Extrait d'évaluation de divers articles , (de journées ou corvées , de denrées ou redevances , & autres ,) employés à la fuite de la Coûtume de Bourgogne , rédigée en 1459 fous le Duc Philippe le Bon.

Prix du marc d'argent fin monnoyé , en 1421.　　12 liv.　　　　　　*Prix du feptier de bled.*

En monnoie du temps. . .　20 f.
En monnoie actuelle. . . . 6 liv.　o f.　8 d. ⁚

NOMS DES ARTICLES ESTIMÉS.	Prix , en monnoie du temps.		Prix , en monnoie actuelle.			
	fols.	d^{rs}.	Grains d'argent fin.	liv.	f.	d.　440es.
L'arpent d'eau d'étang.	20.		512.	6.	o.	8.　320.
de fontaine.	25.		640.	7. 10. 10.　410.
de rivière.	15.		384.	4. 19. 6.　240.
Le produit d'une charrue , en vallée. .	1200.		30,720.	362. 3. 7.　280.
en montagne. .	720.		18,432.	217. 6. 2.　80.
Le journal de vigne , en bon lieu (de 32440. pieds quarrés).	40.		1,024.	12. 1. 5.　200.
La journée (en corvée) d'un homme , en Mars , & pendant les fenaifons & les moiffons. . .		20.	42.$\frac{2}{13}$.	9. 11.　428.
La journée (en corvée) d'une femme , en Mars , & pendant les fenaifons & les moiffons. . . .		12.	25.$\frac{9}{13}$.	6. o.　192.
La journée (en corvée) d'une charrue. .	3.	4.	85.$\frac{5}{13}$.	19. 1.　34.
La journée (en corvée) d'un faucheur. .	2.	6.	64.	15. 1.　40.
Une Geline.		10.	21.$\frac{1}{13}$.	4. 11.　434.
Un Chapon.		15.	32.	7. 6.　240.
Un Oifon.		15.	32.	7. 6.　240.
Une livre de Cire.	3.	4.	85.$\frac{5}{13}$.	19. 1.　34.
Une pinte d'Huile.	2.	1.	53.$\frac{5}{13}$.	12. 6.　234.
Un Mouton gras , avec fa laine. . .	13.	4.	341.$\frac{7}{13}$.	4. o. 5.　194.
Un Mouton commun.	8.	4.	213.$\frac{5}{13}$.	2. 10. 3.　114.
Une Brebis , avec fa laine. . . .	5.		128.	1. 10. 2.　80.
Un Agneau.		20.	42.$\frac{2}{13}$.	9. 11.　428.
Un Bœuf de trait.	120.		3,072.	36. 4. 4.　160.
Une Vache à lait.	60.		1,536.	18. 2. 2.　80.
Un Porc gras.	40.		1,024.	12. 1. 5.　200.
Un Porc commun , de deux ans , fans graiffe.	20.		512.	6. o. 8.　320.

Nota. Ici les monnoies Dijonnoifes , qui exprimoient les $\frac{2}{5}$. en-fus du tournois , font encore réduites en cette dernière efpèce de monnoie.　À obferver encore que , dans les Coûtumes des diverfes Provinces du Royaume , où il ne s'agit ordinairement que de redevances ou cens , le prix d'eftimation eft toujours porté au plus bas ; c'eft-à-dire , à environ un quart ou même un tiers de moins que la valeur réelle de la chofe , dans le commerce public.

Extrait de l'Ordonnance du Roi Charles IX. du 20. Janvier 1563. qui taxe diverfes denrées.

Prix du marc d'argent fin monnoyé , en 1563.　　15 liv.　　　　　*Prix du feptier de bled.*

En monnoie du temps. . . 8 liv.
En monnoie actuelle. . . . 28 liv. 19 f. 3 d. $\frac{300}{1500}$.

NOMS DES ARTICLES TAXÉS.	Prix en monnoie du temps.		Prix , en monnoie actuelle.			
	fols.	d^{rs}.	Grains d'argent fin.	liv.	f.	d.　2200es.
Le meilleur Chapon (Chés les Rotiffeurs).	6.		92.$\frac{4}{23}$.	1. 1. 7. 1576.
les moyens. . . .	5.		76.$\frac{18}{23}$.	18. o. 1040.
Les meilleures Poules. . . .	4.	6.	69.$\frac{3}{23}$.	16. 3. 852.
les moindres. . .	4.		61.$\frac{11}{23}$.	14. 4. 1244.
Le Poulet gras. . . .		20.	25.$\frac{14}{23}$.	5. 11. 1860.
le Poulet ordinaire. .		15.	19.$\frac{5}{23}$.	4. 5. 1580.
Le Pigeon.		12.	15.$\frac{8}{23}$.	3. 7. 236.

La

NOMS DES ARTICLES TAXÉS.	Prix en monnoie du temps.		Prix en monnoie actuelle.
	sols d^s.	Grains d'argent fin.	liv. f. d. 2200^es
Le Lapin . . .	5.	76. 28/27	18. 0. 1040.
La Perdrix.	4.	61. 11/13	14. 4. 1244.
La Becasse.	3.	46. 4/21	10. 9. 1098.
La Caille. .	15.	19. 5/14	4. 5. 1580.
Le Canard sauvage.	4.	61. 11/13	14. 4. 1244.
Le Canard paillé.	3. 6.	53. 8/21	12. 7. 1254.
La pinte de vin.	10.	12. 24/27	2. 11. 2030.
La voye de bois.	60.	921. 13/17	18. 17. 2. 1980.
Le cent de Cotrets.	36.	552. 24/25	6. 10. 3. 215.

Nota. Vers l'an du monde 3439. & 561. avant J. C., sous le regne de Servius Tullius :
Le marc d'argent valoit. . . 6 sols 8 d^rs. Attiques, Rhodiens ou Rochelois.

8 sols d'Egypte ou Parisis.

10 sols Toscans ou Tournois.

Le septier de bled (de 240. livres poids de marc) se vendoit 480. grains d'argent, qui valoient 12 deniers & demi Tournois ; &, en monnoie actuelle, 5 liv. 13 f. 2 d. 41/71.

Vers l'an du Monde 3731., de Rome 484., avant J. C. 269., lors de la première guerre de Carthage :
Le marc d'argent fin monnoyé valut,

2 liv. Rocheloises.

2 liv. 8 f. Parisis.

3 liv. Tournois.

Le septier de bled (de 240. livres) se vendoit 480. grains d'argent, qui valoient 6 f. 3 d. Tournois d'alors ; &, en monnoie actuelle, toujours 5 liv. 13 f. 2 d. 41/71.

Vers l'an du Monde 3783., de Rome 536., avant J. C. 217., sous Fabius, lors de la seconde guerre de Carthage :
Le marc d'argent fin monnoyé valut,

4 liv. Rocheloises.

4 liv. 16 f. Parisis.

6 liv. Tournois.

Le septier de bled (de 240. livres) se vendoit 480. grains d'argent, qui valoient 12 f. 6 d. Tournois d'alors ; &, en monnoie actuelle, toujours 5 liv. 13 f. 2 d. 41/71.

Vers l'an du Monde 3785., de Rome 538., avant J. C. 215., sous Papirius, durant la guerre de Carthage :
Le marc d'argent fin monnoyé valut,

8 liv. Rocheloises.

9 liv. 12 f. Parisis.

12 liv. Tournois.

Le Septier de bled (de 240. livres) se vendoit 480. grains d'argent, qui valoient 25 f. Tournois d'alors ; &, en monnoie actuelle, toujours 5 liv. 13 f. 2 d. 41/71.

Il suit de ce détail, que, depuis Servius Tullius jusqu'à Papirius, le prix du bled étoit monté de un à vingt-quatre ; & depuis Papirius jusqu'à nous, de un à quinze ou seize.

Quoi qu'il en soit, il n'en est pas moins vrai, que, depuis Papirius jusqu'à la fin du règne de Louis XII. & même jusques vers l'an 1519., le prix du septier de froment s'est balancé de 20 à 25 & 30 sols tournois, le prix du marc d'argent fin monnoyé s'étant soutenu assés constamment autour de 12 livres tournois. Dans ce long espace de temps, les variations survenues, tant dans le prix du marc d'argent, que dans celui des denrées, ne furent qu'accidentelles & de peu de durée. Ces variations étoient occasionnées tantôt par les guerres, tantôt par les maladies épidémiques, & d'autres fois par la rareté ou la disette de la subsistance. De-là, les divers Tableaux que je viens d'employer dans ce Mémoire.

Au sujet du prix du marc d'argent & de la valeur des monnoies, je rapporterai ici deux Anecdotes, très-éloignées l'une de l'autre, assés curieuses, & qui d'ailleurs pourront servir à faire connoître ce que c'est qu'un caractère honnête, généreux & ferme.

La première : Antoine, (Marc) qui mourut 30. ans avant J. C., âgé de 56. ans, voulant gratifier quelqu'un qu'il affectionnoit, chargea son intendant de lui donner 250. mille *Drachmes*, qui faisoient le *Decies* des Romains, & formoient un million de *Sesterces*. Celui-ci, surpris d'une pareille libéralité, rangea toute sur le passage de son maître, afin qu'il en vit l'importance. Antoine apperçut cet argent, & demanda quelle en étoit la destination ? C'est, lui répondit son homme d'affaires, ce que vous m'avés ordonné de délivrer à un tel. Antoine pénétra sa finesse, & lui dit froidement : Je croyois le *Decies* plus considérable ; donnés-lui en encore autant. (*Vie d'Antoine*, tom. 7. page 290. de M. Dacier.)

Le million de Sesterces, formant le poids de 250. marcs d'argent, à 12 livres le marc d'argent, représentoit la somme de 3000 livres tournois ; &, en monnoie actuelle, celle de 13, 581 liv. 16 f. 4 d. 71/111. le marc d'argent fin monnoyé étant, depuis 1726., à 54 liv. 6 f. 6. 71/111.

En ce cas, le Sesterce dont il s'agit, valoit alors dix-huit vingt-cinquièmes de denier tournois, & pesoit un grain 51/111. de grain d'argent fin monnoyé ; le marc étant à 12 livres tournois.

A 54 liv. 6 f. 6 d. 71/111. prix actuel du marc d'argent fin monnoyé, le Sesterce, du poids d'un grain 12/125. de grain, repondroit à trois deniers 365/377.

En parlant ci-devant, à l'article des *Vignes* de France, de l'état de fortune, en biens-fonds, que la loi, chés les Romains, exigeoit pour les places de Sénateur, de Chevalier & de Centurion, j'ai fait mention du *Sesterce*. Mais, j'ai négligé, sur cet objet, quelques détails, que je vais suppléer ici.

D'après le sçavant Budée, le Sesterce ordinaire, réel & effectif (de cuivre) de deux as & demi, pesa d'abord deux livres & demie, ou 30. onces Romaines, qui répondroient à 26. onces, 384. grains de notre poids de marc.

Le poids de ce Sesterce fut successivement réduit à 4. onces 256. grains ; à 2. onces 128. grains ; & à une once 64. grains, toujours du poids de marc. Il étoit de ce poids (d'une once & 64. grains) quand le prix du marc d'argent se trouva fixé à 12. livres Tournois.

Le prix de ce même marc d'argent étant actuellement à 54. liv. 6 f. 6 d. 71/111., il s'ensuit que le Sesterce du poids d'une once & 64. grains, devroit être réduit à 142. grains pesant de cuivre. Le marc de ce métal

F

étant à 20. f. Tournois, chacun de ces fols répond à 230. $\frac{2}{3}$. grains de cuivre; & le denier ou la douzième partie d'un fol à 19. $\frac{1}{3}$. grains.

D'après la proportion de 1. à 54., prix supposé entre le cuivre & l'argent, les 142. de Sesterce de cuivre se trouveroient réduits à 2. $\frac{17}{27}$. grains d'argent, qui répondroient, en monnoie actuelle, à 7. $\frac{2}{11}$. deniers.

Si, d'après la Dissertation du célèbre M. le Marquis Belloni, imprimée en 1757., on admet que la proportion actuelle de l'argent au cuivre, soit comme 73. à 1., il s'ensuivra que les 142. grains pesant de cuivre seront dans un rapport (à-peu-près) exact avec deux grains d'argent fin. Voilà le Sesterce de Tacite.

Le Sesterce se subdivisoit en *Libelles*, *Sembelles* & *Terunces*: de-là, les différentes espèces de Sesterce; &, entr'autres, celui d'un grain $\frac{113}{500}$. d'argent fin, employé dans le don fait par Marc-Antoine, dont il a été parlé ci-dessus.

M. Arbuthnot, dans ses Tables de anciennes Monnoies, page 14., a évalué le *Decies centena millia* HS., ou le million de Sesterces à 6072. livres 18. f. 4. deniers Sterling, qui, en monnoie de France, à raison de 22. liv. 10. f. pour une livre Sterling, présenteroient la somme de 136, 640. liv. 12. f. 6. d.

Gronovius a aussi donné la même évaluation, livre 2. chap. 4. pag. 164. De-là, le Sesterce, qui seroit du poids de 11. $\frac{733}{1241}$. grains d'argent fin, devroit être estimé à 2. f. 8. d. $\frac{127}{167}$.

M. Rollin, dans son Traité des Etudes, tom. 4. pag. 314., a fait le Sesterce de 10. grains $\frac{150}{243}$. d'argent fin; & par-conséquent de la valeur de 30. d., en numéraire actuel. De-là, le million de Sesterces donneroit la somme de 125. mille livres.

Pour connoître & déterminer avec la précision nécessaire, la valeur du Sesterce, monnoie la plus usitée chés les Romains, nul moyen meilleur que celui de comparer le produit des terres, relativement à ce temps-là & au temps actuel. C'est ce moyen dont je me suis servi principalement, joint à d'autres qui m'ont paru également propres à remplir cet objet.

La seconde Anecdote: Jean V. Roi de Portugal (mort le 31. Juillet 1750.) infirme depuis nombre d'années, étoit, selon sa coûtume, dans sa chaise, sur le bord du Tage, pour y respirer un air frais & agréable. Un bas-Officier, qui l'avoit servi dans les Indes, & se trouvoit dans l'indigence, se présente à lui, avec un Placet, pour demander quelque aumône. Qu'on lui donne, dit le Monarque, une *doppo-Mœda*, ou double pistole, de 4000. raix, qui répondoit à 25. livres, en monnoie de France. Une doppo-Mœda! affecte de dire avec une espèce de surprise, un certain Moine, Franciscain, qui étoit toujours auprès du Roi. *Dix*, repartit le Monarque. Dix doppo-Mœdas! replique le Moine, avec encore plus de surprise, mais toujours avec le plus grand respect. *Cent* dit le Roi. Votre Majesté dit: Cent doppo-Mœdas! répéta le Moine, feignant de n'avoir pas bien entendu. *Mille*, repartit le Monarque, avec indignation & en élevant la voix. Là se terminèrent les observations du Moine, & immédiatement après les mille doppo-Mœdas furent comptées au pauvre bas-Officier, qui obtint ainsi une espèce de fortune (de la valeur de 25. mille livres.)

Suite de l'Impôt & de la Subsistance. Les 8760. grains, à quoi se monte à Naples, la dépense annuelle d'un Prêtre isolé, représentent, en monnoie de ce Royaume, 876. Carlins, ou 87. Ducats & six Carlins; le Ducat à 4. liv. 3. f. 4. d. & le Carlin à 8. f. 4. d. en monnoie de France.

Que l'on suive la division des monnoies de Naples en grains, ainsi que leur valeur, & l'on trouvera qu'il n'est peut-être pas de pays en Europe où les premières institutions à cet égard se soient mieux soutenues. Il en est à-peu-près de même des poids & des mesures. Mais ce n'est pas ici le lieu de s'occuper de pareils objets.

En *Suède*, les neuf personnes, dont il a été fait mention, & qui forment la population d'un *Hemman*, consument, par an, la quantité de 24. septiers & trois quarts de septier de grain, mesure de France, qui, à 10. liv. 9. f. 5. $\frac{5}{11}$. deniers chacun, valent la somme de 259. liv. 4. f. Ce seroit, par tête, la valeur de 28. liv. 16. f. Mais, il y a là un vieux domestique & quatre enfants, qui sont censés ne consumer que la moitié de ce que consument les quatre autres personnes taillables.

Au même article, de la consommation, au Royaume de Suède, j'ai traité, dans mon calcul, la valeur de cette consommation, même dans son rapport avec la France, sans avoir égard à la différence de prix, qui, dans les villes, est ordinairement un peu plus élevé. Il y auroit, en conséquence, à faire quelques calculs ultérieurs; mais qui sont trop sensibles & trop aisés pour que je m'en occupe.

Voici, au sujet de l'*Impôt & du Revenu National*, quelques détails, également curieux & intéressants, qui se trouvent dans les Ouvrages Arithmético-politiques de M. le Chevalier Davenant, habile calculateur Anglois, mort au commencement de ce Siècle.

On estime, dit-il, en Angleterre, à environ 80. millions de livres Sterling (dix-huit cents millions de livres, en monnoie de France, la livre Sterling à 22. liv. 10. f.) le *Papier-Monnoie* qui a cours sur la place, appellé *Fonds-Publics* ou richesse artificielle. D'autres effets au porteur, également en papier, augmentent cette masse de moitié, & la portent à une valeur de la somme de 120. millions Sterling (deux milliards 700. millions, en monnoie actuelle de France.)

Le Numéraire, en espèces, tant nationales qu'étrangères, qui circuloient, au 4. de Mai *1696.*, n'étoient évalués; sçavoir: celles en argent, qu'à cinq millions Sterling (112. millions 500. mille livres de France, en monnoie actuelle;) & celles en or, qu'à quatre millions Sterling (90. millions, en monnoie de France.) Mais, il y avoit alors beaucoup d'espèces resserrées chés les particuliers, à cause du défaut de confiance, qui étoit général.

Vers ce temps-là, M. le Chevalier Davenant estimoit la totalité du Numéraire, qui existoit en Angleterre, de 15. à 18. millions Sterling (de 337. millions 500. mille livres, à 405. millions de livres, de France, en monnoie actuelle.

En France, le Numéraire en espèces, toutes nationales, est estimé actuellement, en 1779., de 15. à 1800. millions de livres, qui forment la quantité de 30. à 33. millions de marcs d'argent, à onze deniers de fin. En 1683., cette quantité de marcs n'étoit que de 18. millions 518. mille 518., au même titre.

En 1683., les impositions étoient, en France, de quatre millions 222. mille 222. marcs d'argent. En 1754. on les estimoit à environ cinq millions de marcs d'argent.

A la première époque (de 1683.) les impositions générales étoient à la masse générale de l'argent, à peu-près comme 22. $\frac{4}{9}$. sont à cent. En 1754. la proportion de l'imposition générale avec la masse de l'argent, étoit environ comme 16. $\frac{2}{3}$. sont à cent.

En 1683. le prix du septier de bled (de 240. livres, poids de marc) étoit de 11. ll. 12. f. En 1754. le prix d'un pareil septier étoit de 20. ll. 5. f.

Selon M. le Chevelier Davenant, en 1698., le revenu général de la Nation Françoise, c'est-à-dire, le produit général des terres, du commerce & de l'industrie, s'élevoit, en monnoie actuelle de France, seulement à 1,974,000,000. liv. Celui de l'Angleterre, à 1,034,000,000. liv. Et celui de la Hollande, à 411, 250, 000. livres.

D'après l'état de population de ces divers pays, il auroit été affecté, par an, du reveu général, pour chaque individu; sçavoir, en France, environ 82. liv. En Angleterre, 95. liv. Et, en Hollande, 164. liv. Mais, pour établir des comparaisons dans les moyens de fubfiftance, il faudroit fçavoir quelle étoit alors, dans ces divers pays, la valeur des différentes denrées.

A la même époque, déjà citée (vers la fin du dernier fiècle) les Anglois payoient au Fifc, en temps de paix, le 20.e &, en temps de guerre le 8.e du revenu général. En Hollande, c'étoit le tiers du revenu, en temps de guerre, & le quart en temps de paix. La France, le 5.e en temps de guerre, & le 10.e en temps de paix.

Le Lord-Vicomte de Bolynbrocke, Secrétaire d'Etat fous la Reine Anne d'Angleterre, a avancé, dans fes ouvrages, qui font imprimés &. en affés grand nombre, que, pendant la guerre de fucceffion pour l'Efpagne, il en coûta à la France, année commune, environ cinquante mille hommes, tant par terre, que par mer. De-là, dans les treize années que dura cette guerre, la France auroit donc perdu, à ce fujet, environ 650. mille hommes, tirés, comme c'eft l'ordinaire, de l'élite de la Nation. De-là, la perte d'un revenu annuel de 195. millions de livres, chaque homme utile valant à la Nation au moins 300. liv. par an.

XI. De la Confommation en viande, & du Bétail.

A l'exception de l'Efpagne & du Portugal, il n'eft peut-être pas de pays, en Europe, où la confommation, en viande de boucherie, ne foit plus forte qu'elle ne l'eft en France, relativement à la maffe des habitans. En Lombardie, par exemple, & en Piémont, dont, entr'autres pays, j'ai réuffi à me procurer des renfeignemens, cette efpèce de confommation eft, par an, pour chaque perfonne, de 87. livres. 14. $\frac{221}{232}$. onces, poids de marc de France, dans les Villes & gros bourgs; & dans les campagnes, d'environ 20. livres, par tête. Elle eft encore plus confidérable en Allemagne, en Hongrie, en Pologne, en Hollande, & en Angleterre. Mais, le François confume, dans la même proportion, beaucoup plus de pain. De-là, il importe fans-doute qu'il lui foit fourni en plus grande abondance & le meilleur poffible. (En Pologne, le particulier qui demande l'aumône, follicite la charité, en expofant qu'il fe trouve réduit à n'avoir, pour vivre, que du pain. En France, le peuple ne demande que du pain. Il craint toujours qu'il ne lui manque, parce que malheureufement cela lui arrive quelquefois.)

Dénombrement du Bétail, qui fe confume annuellement aux Boucheries de France, &c.

Efpèces du Bétail.	Nombre.	Poids de chacun.	Total, en livres, poids de marc.
Bœufs.	450, 000.	600.	270, 000, 000.
Vaches.	400, 000.	400.	160, 000, 000.
Veaux.	700, 000.	50.	35, 000, 000.
Moutons.	6, 000, 000.	30.	180, 000, 000.
	7, 550, 000.		645, 000, 000.
Agneaux.	2, 000, 000.	15.	30, 000, 000.
	9, 550, 000.		675, 000, 000.
Déchet (du quart)			168, 770, 000.
Refte.			506, 250, 000.
Cochons, Volaille & Gibier.			140, 000, 000.
			646, 250, 000.

La population, dans les Villes & gros bourgs, s'élève, en France, autour de quatre millions de perfonnes, qui, d'après des renfeignemens affés exacts, que j'ai réuffi à me procurer, confument, par an, par tête, à raifon de 60. livres pefant de viande de boucherie, en bœufs, vaches, veaux & moutons feulement, dont le poids a été porté, au total, à 645, 000, 000. livres. Cette quantité, par la fouftraction du quart, à caufe du déchet, fe trouvera réduite à celle de 483, 750, 000. livres.

Les quatre millions de perfonnes, qui habitent les villes & les gros bourgs, confumant, par tête, 60. livres pefant; c'eft, au total, la quantité de 240. millions de livres.

Il reftera 243, 750, 000. livres à partager entre

20, 129, 200. perfonnes, répandues dans les villages & les campagnes. Ce qui donnera, pour chacune, la quantité feulement de 12. livres & environ une once & trois quarts.

D'après cette proportion, des 140. millions de livres, pefant, (fans aucune déduction) en cochons, volaille & gibier; il reviendroit 68, 344, 774. livres pour les habitans des villes & gros bourgs; & pour chacun 17. livres & environ 1.¼. once. Et, des 71, 655, 226. livres, à partager entre les habitans des villages & des campagnes; il reviendroit à chacun environ trois livres & un peu moins de 9. onces.

La confommation des Agneaux fe fait à peu-près également entre les habitans des villes & ceux des campagnes.

Dénombrement du Bétail, qui exifte en France.

	Nombre.	Efpèces.
450. mille Bœufs, tués tous les ans, fuppofent une pareille quantité de	450, 000.	Vaches.
400. mille Vaches, tuées tous les ans, à 6. ans, fuppofent un pareil nombre de vaches, auquel il doit être ajouté le nombre de vaches qui exiftent, pour remplacer celles qui font tuées: de-là, au total.	2, 800, 000.	Vaches.
700. mille Veaux, tués tous les ans, fuppofent la quantité de	700, 000.	Vaches.
300. mille Vaches, qui (d'après des renfeignemens) meurent, tous les ans, par maladies, ou par divers accidents.	300, 000.	Vaches.
	4, 250, 000.	Vaches.

	Nombre.	Espèces.
de l'autre part.	4, 250, 000.	Vaches.
450. mille Bœufs, tués, tous les ans, à 8. ans, supposent le nombre de	3, 600, 000.	Bœufs.
Total des Bœufs & des Vaches.	7, 850, 000.	Têtes.
6. Millions de Moutons, tués, tous les ans, de l'âge de 3. ans, supposent le nombre de	18, 000, 000.	Moutons.
Pour produire les 6. millions de Moutons, qui sont tués, tous les ans, il faut supposer un pareil nombre de Brebis : donc	6, 000, 000.	Brebis.
Deux millions d'Agneau, tués, tous les ans, supposent le nombre de	2, 000, 000.	Brebis.
	26, 000, 000.	Têtes.
Beliers, Moutons & Brebis, au-dessus de l'âge de trois ans.	4, 000, 000.	Têtes.
Mortalité, causée par maladies & par divers accidents.	2, 000, 000.	Têtes.
Les Chevres sont, en France, en petit nombre ; & il n'y en a guères que dans les provinces méridionales de ce Royaume.		
Total des Moutons & des Brebis.	32, 000, 000.	Têtes.
Chevaux, Juments, Mules & Mulets, de labourage, des Rouliers, des voitures publiques & particulières : les chevaux de monture pour les troupes : ceux pour les postes, la chasse, le manège : les étalons : les chevaux de bât : ceux des Meuniers, des Blâtiers, Plâtriers, Chassemarées, Coquetiers, Maragers, &c.	3, 000, 000.	Têtes.
Les Vaches & les Bœufs, ci-dessus.	7, 850, 000.	
Les Moutons & les Brebis.	32, 000, 000.	
TOTAL général.	42, 850, 000.	Têtes.

D'après un état, fait en 1690., on comptoit alors, qu'il naissoit, tous les ans, en France, soixante mille poulains, des cavales marquées & saillies par les étalons du Roi ; qu'il y avoit alors plus de 200. mille de ces cavales, marquées à la marque Royale ; & que le nombre des étalons alloit à mille six cents trente-six. Il n'est pas douteux, que, depuis cette époque, le nombre des uns & des autres ne soit considérablement accrû. Malgré cela, il est également certain, que, dans l'état actuel des choses, la France ne se suffit point à elle - même pour tous les chevaux dont elle a besoin. Elle en tire beaucoup de Suisse, de Souabe, de Frise, & même du Holstein.

Les provinces de France les plus renommées pour la quantité & la qualité des chevaux qu'elles élevent, sont celles de Normandie, de Franche-Comté & de Poitou. Le Limosin & la Basse-Navarre en fournissent aussi d'une qualité supérieure, destinés à être montés.

On a remarqué que, sur la fin du dernier siècle, la seule province de Franche-Comté fournissoit, année commune, environ 500. chevaux entiers pour les Rouliers, 2000. pour la cavalerie, & 1500. cavalles pour les vivres & l'artillerie.

M. d'Aubenton, l'un des plus sçavants hommes de France, sur-tout en ce qui concerne l'Histoire Naturelle, a fait recemment les remarques & les expériences, qui suivent, au sujet de la subsistance des Moutons.

Un Mouton de taille médiocre mange, dit-il, environ huit livres d'herbe, en un jour. Nourri de foin & de paille, ce même mouton mange, chaque jour, deux livres de foin & deux livres & demie de paille.

D'après des expériences, il est constant que l'évaporation qui se fait durant le fanage, enleve les trois quarts de la subsistance de l'herbe en parties fluides : De-là, huit livres d'herbe se réduisent, en séchant, au quart ; c'est-à-dire, à deux livres de foin.

Un mouton prend, chaque jour, la même quantité de substance solide, soit en herbe, soit en foin. Mais, réduit au fourrage sec, il se trouve privé de six livres d'aliments liquides, qu'il auroit eues en mangeant huit livres d'herbe. Alors il supplée une partie de cette perte, en buvant environ trois livres d'eau ; cette eau n'étant pas en aussi grande quantité & n'ayant pas la même qualité que le liquide de l'herbe enlevé par le fanage, le mouton dépérit sensiblement. Il seroit, au-surplus, dangéreux d'exciter les moutons à boire une plus grande quantité d'eau, parce qu'ils sont très-sujets aux infiltrations.

Il a été dit, ci-devant, que l'arpent de prairie, de 1344.⅓. toises quarrées, produit, par une première fauchée, environ 290. bottes de foin sec, & que le regain doit être estimé à la moitié de cette quantité. Au total, l'arpent produit donc 435. bottes de foin sec, qui, à 10. livres par botte, doivent être le résultat de 17, 400. livres d'herbe.

Un mouton, mangeant, par jour, huit livres d'herbe ; ce seroit, pour les 365. jours d'une année, la quantité de 2920. livres d'herbe.

De-là, les 32. millions de moutons & brebis consumeroient, par an, la quantité de 93. milliards 440. millions de livres, pesant, d'herbe. Ce seroit le produit de cinq millions 370. mille 114.⅔. arpents de prairie, à raison, par arpent, de 17, 400. livres d'herbe, qui produisent 435. bottes de foin, à 10. livres pesant la botte.

De-là, un arpent de prairie suffit à la subsistance d'environ six moutons (exactement 5.⅗.)

L'arpent de prairie suffit à un plus grand nombre de moutons, attendu qu'en hiver, ils sont nourris, en partie, de paille, &c.

De-là, il reste la quantité d'environ dix millions d'arpents des prés & pâturages du Royaume, pour la subsistance des vaches, des bœufs, des chevaux, & autres animaux, connus sous la dénominatiou de gros bétail, & dont le nombre est porté, ci-devant, à dix millions 850. mille têtes.

Dénom-

Dénombrement, fait en 1771., du Bétail de l'Isle & Royaume de Sardaigne, en rapport avec le nombre d'habitants & le nombre d'arpents, que l'on compte en France.

Espece du Bêtail.	Nombre du Bêtail, en Sardaigne.	En France, par proportion avec la Sardaigne. RAPPORTS. *Avec la population de France.*	*Avec le nombre d'arpents en France.*
Bœufs.	156, 523.	8, 918, 086.	2, 158, 621.
Vaches.	179, 567.	10, 235, 309.	2, 793, 987.
Veaux.	8, 080.	460, 060.	125, 489.
Chevaux & Juments.	66, 334.	3, 775, 838.	1, 031, 956.
Cochons.	152, 471.	8, 686, 847.	2, 372, 451.
Chevres.	378, 201.	21, 547, 457.	5, 883, 115.
Boucs.	42, 597.	2, 426, 029.	662, 504.
Brebis.	768, 250.	43, 770, 250.	11, 950, 875.
Moutons.	143, 502.	8, 175, 614.	2, 233, 280.
Point de Mulets.	. . .	. . . .	. . . . .
TOTAL.	1, 895, 525.	107, 995, 490.	29, 212, 278.

Il suit de ce tableau, qu'en France, le nombre du Bétail seroit de 107. millions 995. mille 490. têtes, dans le cas où les habitants de ce Royaume posséderoient un nombre de bétail égal, en proportion, à celui que possédent les habitants de la Sardaigne. D'après les deux dénombrements respectifs, on jugera aisément que, relativement à l'objet dont il s'agit, les habitants de Sardaigne sont plus riches que ceux de France. Mais l'avantage est en faveur de la France, quand on ne considère que l'étendue du sol. A ajouter encore que le bétail de Sardaigne (à l'exception peut-être des chevaux) est beaucoup plus petit & plus maigre que celui de France.

La Sardaigne est recommandable, dans le Commerce, principalement par ses grains, par ses sels, & par sa pêche du Thon & du Corail.

En 1771. il fut exporté de cette Isle, la quantité d'environ 400. mille *Starelli* de bled. Ce qui représentoit la quantité de 133. mille 333. $\frac{1}{3}$. septiers, mesure de Paris, chaque septier de 240. livres, poids de marc, & répondant, par-conséquent, à trois *Starelli*, chacun de 80. livres, poids de marc de France.

Cent *Starelli* de Sardaigne sont égaux à 125. *septiers* de Nice, dont chacun doit, par-conséquent, être évalué à 62. livres & demie, poids de marc.

(Le *Tomolo*, mesure des grains à Naples, pese 84. livres, poids de marc de France. Il excède, par-conséquent, de quatre livres le poids du *Starello* de Sardaigne.)

En 1774. Les Suédois exporterent de Sardaigne, par leurs propres navires, qui se rendirent directement en Suède, la quantité de 205, 104. *tonnes de sel*, chacune de 198. livres, poids de marc de France.

Dans cette même année (1774.) il fut importé en Suède & par des navires Suédois:

	Tonnes de sel.
de France.	9, 842. $\frac{1}{2}$.
d'Espagne.	13, 140. $\frac{3}{4}$.
de Portugal.	56, 752. $\frac{1}{2}$.
de Liverpool	75.
de Sardaigne (ci-dessus).	205, 104.
TOTAL.	284, 914. $\frac{3}{4}$.

Les 284. mille 914. $\frac{3}{4}$. tonnes de sel représentent la quantité de 564. mille 413. $\frac{1}{3}$. minots, chacun de cent livres, poids de marc de France.

La population de la Suède étant supposée de deux millions & demi de personnes: ce seroit, par tête, à raison de 22. livres 8. $\frac{15062}{15515}$. onces de sel. De-là, il est à inférer que la quantité de cette denrée, importée en Suède, en 1774., excédoit de beaucoup la consommation annuelle du pays.

La *pêche du Thon*, qui se fait régulièrement, tous les ans, en Mai & Juin, à *Porto-Scus*, & qui attire en ce lieu jusqu'à trois mille personnes, procure à la Sardaigne, un bénéfice net de 60. mille écus du pays. Il y a, outre cela, d'autres pêches de ce poisson.

Celle du *Corail* se fait sur les côtes de la Sardaigne, principalement par des mariniers Provençaux, Catalans, Genois, Livornois & Suédois.

Il est certainement fâcheux pour les habitants de la Sardaigne, qu'il n'y ait pas quelque traité, qui en les mettant à l'abri des insultes des Barbaresques, leur laisse la liberté de la navigation & de la pêche.

L'Ecu de Sardaigne, monnoie réelle, vaut 2. liv. 10. sols du pays, qui répondent à 4. livres de Savoye, & à 4. liv. 12. sols 3. $\frac{9}{13}$. deniers, en monnoie de France.

De-là, les 60. mille écus de Sardaigne représentent, en monnoie de France la somme de 276, 922. liv. 4. sols 11. $\frac{1}{13}$. deniers.

De-là, une livre ou 20. sols de Sardaigne valent, en monnoie de Savoye, . . .		32. sols.	
Une livre ou 20. sols de Sardaigne valent, en monnoie de France, . . .		36. s.	11. d. $\frac{1}{13}$.
Une livre ou 20. sols de Savoye valent, en monnoie de France, ...		23. s.	0. d. $\frac{12}{13}$.
Une livre ou 20. sols de France valent, en monnoie de Sardaigne, . . .		10. s.	6. d.
Une livre ou 20. sols de France valent, en monnoie de Savoye, ...		17. s.	4. d.
De-là, l'Ecu de 6. livres de France devroit répondre, en monnoie de Sardaigne, à	3. ll.	3. s.	
Et, en monnoie de Savoye, à	5. ll.	4. s.	
Cependant, cet écu de 6. ll. de France n'est reçu, en Sardaigne, que pour . .	3. ll.	1. s.	6. d.
Et, en Savoye, que pour	4. ll.	18. s.	10. d.

C'est, sans-doute, à cause de l'évaluation par le moyen des essais.

En ce cas, chacune des livres de cet écu de France se réduit, en monnoie de Sardaigne, à	10. s.	3. d.
Et, en monnoie de Savoye, à	16. s.	5. d. $\frac{4}{9}$.

Les écus de 6. ll. de France sont à la taille de 8. $\frac{2}{5}$. au marc de France.

De-là, chacun de ces écus devroit peser 555. $\frac{11}{17}$. grains.

Mais, les remèdes de poids & de loi étant employés en entier (ce qui n'arrive pas toujours,) il y a à déduire de chacun de ces écus ; Sçavoir :

Pour le remède de poids.	1. grain $\frac{224}{2656}$	
Pour l'alliage.	50. grains $\frac{2611}{2656}$	
	52. grains $\frac{183}{2656}$	
Reste, en matière pure, d'argent . .	503. grains $\frac{297}{2656}$	
Total. . .	555. grains $\frac{480}{2656}$ ou $\frac{15}{83}$.	

D'après les essais faits à la monnoie de Paris, l'_Ecu neuf_, de six livres de Savoye ou de Piémont, pese (sans aucun remède de poids ni de loi) une once, un gros & 13. grains ; ou 661. grains du marc de France ; Sçavoir :

En alliage.	64. grains $\frac{1116}{4608}$.
En matière pure, d'argent	596. grains $\frac{3492}{4608}$.
Total. . . .	661. grains.

D'après les proportions, & par des regles de trois, si 503. $\frac{297}{2656}$. grains, de matière pure, d'argent, valent 6. livres, en monnoie de France ; quelle sera la valeur, en pareille monnoie, de 596. $\frac{3492}{4608}$. grains de matière pure, d'argent, que contient l'Ecu neuf de Piémont ?

Rép. . . . . 7. ll. 2. f. 4. d. $\frac{328224}{2405277}$.

Alors, une livre ou 20. fols de Savoye vaudront en monnoie de France, 23. f. 8. d. $\frac{9049432}{14431662}$.

Une livre ou 20. fols de France vaudront, en monnoie de Savoye, . 16. f. 10. d. $\frac{1189917}{51357018}$.

Et l'Ecu de 6. livres de France vaudra, en monnoie de Savoye, . . 5. ll. 1. f. 0. d. $\frac{8339502}{51357018}$.

Sans faire aucune épargne des remèdes de poids & de loi, le marc d'argent fin monnoyé en écus de six livres & de trois livres, en pièces de vingt-quatre fols, de douze fols & de fix fols, produit, en France, 54. ll. 6. f. 6. d. $\frac{6}{17}$.

Avec toute l'épargne des remèdes de poids & de loi, ce même marc produit, en écus de fix livres & de trois livres, environ 55. liv. 7. f. 8. d. ; en pièces de vingt-quatre fols & de douze fols, 55. liv. 11. f. 5. deniers ; en pièces de fix fols, cinquante-fix livres trois deniers.

Mais, cette précision, fous l'un & l'autre rapport, eft extrêmement difficile. De-là, il eft très-rare de voir des pièces de monnoie où il n'y ait aucune épargne des remèdes de poids & de loi ; & il eft également très-rare d'en voir où les remèdes de poids & de loi ayent été épargnés en entier.

Il fuffit, d'après les Ordonnances, que les louis d'or (dont il fera parlé inceffamment) les plus foibles ne pefent pas moins de 153. $\frac{1}{10}$ grains, ni les plus lourds plus de 153. $\frac{2}{5}$. grains ; que les écus de fix livres les plus foibles ne pefent pas moins de 550. $\frac{24}{29}$. grains, ni les plus lourds plus de 555. $\frac{11}{17}$. grains.

Le remède de poids étant ménagé en entier, dans la fabrication des efpèces ; le marc effectif de 4608. grains, produiroit 30. louis $\frac{170}{1773}$; & en argent, 8. écus $\frac{67}{29}$. chacun de fix livres.

Les louis d'or, de 24. livres, font fabriqués à la taille de 30. au marc de 4608. grains, & au titre de 22. karats. Mais, fuivant la déclaration du 12. Février 1726, il eft paffé $\frac{15}{32}$. de remède de loi ; ce qui réduit le titre de ces louis à 21. $\frac{32}{64}$. karats. Il y a enfuite le remède de poids, qui, en vertu des édits, eft de quinze grains pefant fur un marc de louis. Il fuit de-là que le fin du marc effectif, par l'épargne du remède de loi, fe trouve réduit au poids de 4152. grains d'or ; & que le fin du marc fictif, par l'épargne entière des remède de poids & de loi, fe trouve réduit au poids de 4138. $\frac{24}{64}$. grains d'or. D'après ces proportions, le poids de chaque louis, en épargnant les remèdes dans toute leur étendue, fe trouvera

réduit à 137. $\frac{1913}{1920}$. grains d'or, à joindre à quinze grains $\frac{192}{1920}$. de cuivre, qui font enfemble cent cinquante-trois grains $\frac{192}{1920}$., ou cent cinquante-trois grains un dixième.

Par édit du Roi de Sardaigne, du 20. Mars 1768., & les déclarations de ce Monarque, du 19. Décembre 1772. & des 3. Juin & 3. Juillet 1773., le louis d'or, de 24. livres de France, eft évalué à 19. ll. 16. f. 6. d. en monnoie de Savoye : c'eft, pour chacun des quatre écus de fix livres, qui donnent la valeur de ce louis d'or, la fomme de 4. ll. 19. f. 1. $\frac{1}{2}$ denier, en monnoie de Savoye. Mais, d'après les effais faits à Turin, cette valeur a été fixée, comme il a été dit ci-deffus, à 4. ll. 18. f. 10. d. de Savoye.

Par arrêt du Confeil d'Etat du Roi (de France,) du 15. Mai 1773.

Le marc d'or fin, à 24. karats, eft évalué, pour être payé aux Hôtels des monnoies, à 784. ll. 11. f. 11. d. $\frac{125}{231}$.

De-là, le karat de fin fe trouve eftimé à 32. liv. 13. f. 9. d. $\frac{143}{924}$. Et un trente-deuxième d'or fin, à une livre ou 20. fols 5. d. $\frac{13}{24}$.

Trente-deux trente-deuxièmes, qui équivalent à un karat d'or fin, font auffi eftimés, comme ci-deffus, à 32. ll. 13. f. 9. d. $\frac{143}{924}$.

Par le même arrêt, du 15. Mai 1773 :

Le marc d'argent, à 12. deniers ou 24. grains de fin, eft eftimé, pour être payé également aux Hôtels des monnoies, à 53. ll. 9. f. 2. d. $\frac{31}{45}$.

Le denier ou 24. grains de fin à 4. ll. 9. f. 1. d. $\frac{91}{111}$.

Le grain de fin, . . . à 3. f. 8. d. $\frac{121}{234}$.

Le marc d'écus, de la fabrication actuelle, hors de cours par l'effacement des empreintes, au titre de 10. deniers 21. grains $\frac{1}{4}$. . . à 48. ll. 10. f. 10. d.

Le marc _d'écus de Piémont_, au titre de 10. deniers 20. grains, ... à 48. ll. 5. f. 4. d.

Le marc de vieilles piftoles de Piémont, au titre de 21. karats $\frac{16}{32}$. . . à 699. ll. 16. f. 1. d.

Le marc de féquins de Piémont, dits à l'Annonciade, au titre de 23. karats $\frac{31}{32}$. . . à 773. ll. 7. f. 2. d.

Le marc de piftoles de Piémont, fabriquées depuis l'année 1755., au titre de 21. k. $\frac{31}{32}$. à 707. ll. 19. f. 6. d.

D'après les essais faits, en France, à l'Hôtel des monnoies de Paris, la demi-pistole neuve de Savoye, du Roi Charles - Emanuel, fabriquée en 1734., au titre de 21. karats $\frac{31}{32}$, pesé, en poids de marc de France, 62. grains, dont 56. $\frac{322}{1000}$. grains en matière pure, d'or.

La pistole, de 1741., au titre de 22. karats $\frac{8}{32}$, pesé 135. grains, dont, en matière pure, d'or, 125. grains $\frac{220}{1000}$.

Le sequin à l'Annonciade, de 1744., au titre de 23. karats $\frac{31}{32}$, pesé 65. grains, dont en matière pure, d'or, 64. grains $\frac{1118}{1000}$.

La pièce de quatre sequins, de 1747., au titre de 23. karats $\frac{31}{32}$, pesé 260. grains, dont, en matière pure, d'or, 257. grains $\frac{644}{1000}$.

La pièce neuve, de 1755., au titre de 21. karats $\frac{31}{32}$, pesé 181. grains, dont, en matière pure, d'or, 164. grains $\frac{715}{1000}$.

La pièce, dite livre de Piémont, de 20. sols, fabriquée en 1747., au titre de 10. deniers $\frac{22}{24}$, pesé 103. grains, dont, en matière pure, d'argent, 93. grains $\frac{333}{1000}$.

XII. *Consommations particulieres* de la Ville de Paris, par extrait de l'Ouvrage, intitulé : *Histoire des Antiquités de la Ville de Paris*, en 3. vol. in-fol. commencé par *Henri Sauval*, Avocat en Parlement, mort en 1670., continué par *Rousseau*, Auditeur des Comptes, publié d'abord en 1724. & réimprimé en 1733.

DENRÉES.	Année 1634.	Année 1722. (ou plutôt 1714.)	Quantités.
Bled.	80, 200.	100, 000.	Muids.
Bœufs & Vaches.	50, 000.	60, 000.	Pièces.
Veaux.	70, 000.	(80, 000.)	Pièces.
Moutons.	416, 000.	430, 000.	Pièces.
Cochons.	27, 000.	28, 000.	Pièces.
Maquereaux salés.	800.	950.	Barils.
Saumons.	2, 000.	2, 400.	Barils.
Harengs.	23, 000.	28, 000.	Barils.
Morue.	20, 000.	(22, 000.)	Barils.
Morue en poignée.	2, 500.	3, 000, 000.	Poignées.
Sel.	600.	750.	Muids.
Charbon.	19, 000.	22, 000.	Muids.
Avoine.	16, 000.	22, 000.	Muids.
Foin & paille.	6, 000, 000.	8, 000, 000.	Bottes.

Notes. Le muid de bled contient 12. septiers, chacun de 240. livres, poids de marc, & pesé 2880. livres. Le muid d'avoine est de 24. septiers.

Le baril de Maquereaux salés contient 300. poissons ; & celui de Harengs en contient mille.

Le baril de Saumons pesé 172. livres ; & celui de Morue, de 250. à 300. livres.

La poignée de morue est composée de deux poissons ou deux morues.

Le muid de sel est composé de 12. minots, & pesé 4800. livres.

La botte de foin ou de paille pesé de 10. à 11. ou 12. livres.

Je ne crois pas, au-reste, qu'en 1714., la consommation en bled fût de 100. mille muids. C'est à peu-près la quantité de la consommation actuelle ; & il n'est pas douteux que, depuis 1714., la population de la Ville de Paris ne soit de beaucoup augmentée.

D'après les proportions, par la consommation en sel, la Ville de Paris auroit été peuplée, en 1634., seulement de 378, 947. personnes ; & , en 1714., elle auroit contenu 473, 685. habitants.

Il existe des preuves que, dans l'année 1729., il n'y eut de consommé, dans la Ville de Paris, en bled, en farine & en pains, faits hors de cette ville & évalués en grains, que 81. mille 263. muids cinq septiers & un boisseaux de bled.

En 1730., que 81. mille 220. muids trois septiers & quatre boisseaux de bled.

À l'égard de l'avoine, en 1729., il s'en consomma (toujours à Paris) 17. mille 277. muids un septier ; & en 1730., 17. mille 299. muids & un septier.

La consommation d'orge, dans Paris, en 1729., n'alla qu'à deux mille 725. muids neuf septiers : & en 1730., à deux mille 654. muids.

(*Voyés* mon Dictionnaire des *Gaules* & *de la France*, à l'article de PARIS.) C'est-là que j'ai dit qu'en 1755., on comptoit, dans cette capitale de la France ; Sçavoir :

Maisons, parmi lesquelles 538. boutiques ou échopes,	23, 565.
Familles imposées à la Capitation,	71, 114.
Ecclésiastiques, de l'un & de l'autre sexe ;	10, 000.
Familles qui avoient des Domestiques,	17, 657.
(Comprises dans le nombre, ci-dessus, de 71, 114.)	
Maîtres - d'hôtel, Cuisiniers, Valets - de - Chambre, Officiers, Garçons d'office, de cuisine & Laveurs,	3, 174.
Suisses de portes, Laquais, Portiers, Frotteurs, &c.	12, 431.
Cochers, Postillons & Palfreniers.	3, 273.
Femmes-de-Chambre, Gouvernantes, Cuisinières, Servantes, Tourrières, Laveuses, &c.	18, 579.
Total des Domestiques, hommes & garçons, imposés à la Capitation, en 1755.,	18, 878.
Femmes & Filles, imposées de même,	18, 579.
Total général des Domestiques, imposés à la Capitation en 1755.,	37, 457.

(*V.* mon Dictionnaire des Gaules & de la France, à l'article de PARIS.)

XIII. *Etat militaire.* Ce sujet a été traité fort au long, au tom. 3. de mon Dictionnaire des Gaules & de la France, à l'article des *Forces* de ce Royaume. J'y établis, d'après les Ordonnances du Roi, qu'au premier d'Avril 1764., en temps de paix, Sa Majesté avoit à ses ordres, Sçavoir ;

	Nombre d'hommes.
Officiers des Troupes de terre.	14, 635.
Soldats des Troupes de terre.	195, 365.
	210, 000.

Officiers de la Marine.	873.	
Gardes de Pavillon.	80.	
Gardes de la Marine.	320.	2, 423.
Officiers du Régiment de Halwill, Suisse.	40.	
Soldats du Regiment de Halwill.	1, 110.	

Grenadiers Royaux, renvoyés dans leurs Provinces respectives, mais conservés.	212, 423.
	11, 872.
Cent & cinq Bataillons de Milice, renvoyés aussi & conservés dans leurs Provinces respectives.	74, 040.
Troupes Boulonnoises, de Roussillon, d'Aufch, &c.	5, 160.
	303, 495.
Milices Gardes-Côtes, tant d'Infanterie que de Dragons, & autres.	204, 230.
	507, 725.
Capitaines, Maîtres & Patrons de Navires marchands, Matelots classés, &c.	80, 084.
	587, 809.
Officiers réformés, à l'occasion de la paix, Commissaires des guerres, &c. &c. au moins.	12, 191.
Total de l'État Militaire de France, après le traité de paix, signé à Paris le 10. Février 1763.	600, 000.
Le nombre d'hommes & garçons, de l'âge de 16. à 20. ans, qui existent en France, est de	848, 458.
De l'âge de 20. à 50. ans.	4, 846. 774.
Total des hommes & garçons, qui sont en France, de l'âge de 16. à 50. ans.	5, 695, 232.

Sur la masse totale de la population du Royaume, qui est de 24, 129, 200. individus, le nombre de 600. mille Militaires représente la 40.e partie (un peu moins) de cette masse. Et n'ayant égard qu'aux hommes & garçons, de l'âge de 20. à 50. ans, le même nombre de 600. mille hommes représente environ le neuvieme de 5, 695, 232. individus, qui est le nombre de ces hommes & garçons.

On a dit fort sensément, qu'en temps de paix, nul Etat, sagement administré, ne devoit employer au service militaire habituel, au-delà du centième de la masse de sa population. Ce seroit, pour la France, 241, 292. individus : c'étoit à-peu-près le nombre de troupes reglées, employées au service journalier & habituel, qui étoient entretenues à la solde du Roi, avant le commencement de la guerre actuelle. Et encore, dans ce nombre étoient comprises les troupes Suisses, Allemandes, Irlandoises, & autres étrangers (formant une masse d'environ trente-mille hommes,) qui étoient au service du Roi.

Un Ecrivain, très-estimable, qui, l'année dernière, a publié un ouvrage très-utile, & à cause de cela vraiement digne d'éloges, a remarqué fort à propos que la France ne peut se vanter de la taille de ses habitants, que par la tournure régulière & leste, & non par l'élevation. Il en est de même des autres pays méridionaux. C'est sans-doute à cause de la trop grande dissipation de l'humide radical. Cependant il n'est pas douteux que cette perte ne pût être modérée par les administrateurs sages & éclairés, qui dirigeroient les habitants de tels pays vers des occupations les plus conformes & les plus analogues à leur constitution. J'estime également qu'en France, sur-tout, dont, selon le témoignage des Romains eux-mêmes, les anciens habitants étoient recommandables & par l'élévation de leur taille & par leur force, l'espèce peut avoir dégénéré principalement en raison de ce que la subsistance y est devenue plus difficile pour la masse du peuple.

Quoi qu'il en soit, il n'en est pas moins vrai, qu'en France, & aussi dans les pays méridionaux, tels que l'Espagne, le Portugal, les états de Maroc, d'Alger, de Tunis, de Tripoli, &c. il se trouve des hommes de la plus riche, de la plus haute taille, & de la plus grande force ; mais ils n'y sont pas en aussi grand nombre que dans les pays septentrionaux, tels que la Suisse & l'Allemagne.

Les peuples des pays méridionaux ont même un avantage marqué, & dont il semble que l'on ne se soit pas douté. D'après leur manière de vivre, on les croits indolents. Mais, c'est la facilité de subsister qui les fait paroître tels. Que l'on consulte les fastes de l'histoire, on y trouvera qu'en toute occasion d'importance ces peuples méridionaux ont développé une ame, une énergie, une fermeté, une constance vraiement dignes d'admiration. On voit communément en eux des épaules, des yeux, des jarrets ; & telle doit être la constitution de l'homme destiné à la guerre. Aussi a-t-on vû que le Roi de Prusse, dont le mérite en tout genre, sur-tout dans le choix & l'emploi des hommes, est infiniment supérieur à tout éloge, s'est enfin décidé à ne pas composer ses Grenadiers, des hommes de ses troupes les plus apparents pour la taille, & la corpulence ; mais de ceux qu'il a jugé avoir plus d'énergie, plus d'activité & de vigueur.

Au sujet de l'ordre & de la manière dont les troupes doivent combattre, on lit les expressions suivantes, qui sont très-remarquables, dans le Reglement pour la Cavalerie, chap. 19. art. 4. fait par le même Monarque, & daté de Potzdam, le 12. Juin 1744. *On s'ébranlera au grand trot, & on chargera au grand galop, observant d'être toujours bien serré. Sa* MAJESTÉ *répond, que les ennemis seront battus toutes les fois qu'on les chargera ainsi. . . . S'il se trouve quelque Cavalier qui ne fasse pas son devoir, ou qui veuille s'enfuir, le premier Officier ou Bas-Officier, qui s'en appercevra, lui passera son épée au travers du corps.* Quelle énergie dans ces expressions ! l'homme qui le premier les employa, tenoit certainement de la nature, le droit de commander aux autres.

Les Ordonnances du Roi, mon Souverain, exigent pour l'Infanterie, la taille de 5. pieds 3. pouces de Roi ; 5. pieds 4. pouces pour les Dragons ; & pour la Cavalerie, 5. pieds 4. à 5. pouces. Sur quoi, il est à observer qu'en France, le pied-de-Roi est à celui du Rhin, (dont on se sert en Prusse & ailleurs, dans le Nord, comme 1440. à 1381. ½. C'est-à-dire, qu'en France, le pied-de-Roi est plus

fort

fort d'environ un 29.ᵉ De-là, les 5. pieds & 3. pouces de France feroient, par rapport à la mefure Rhynlandique, exactement comme 136, 080. à 131, 473.

Le nombre d'hommes & garçons, de l'âge de 18. à 40. ans, étant en France, au total, de 3, 978, 118., voici, d'après les recherches que j'ai faites, leurs différentes claffes en raifon de l'élévation de leur taille.

	Hommes & Garçons.
de 5. pieds 7. pouces & au-deffus.	800.
de 5. pieds 6. à 7. pouces.	3, 000.
de 5. pieds 5. à 6. pouces.	15, 000.
de 5. pieds 4. à 5. pouces.	40, 000.
de 5. pieds 3. à 4. pouces.	110, 000.
de 5. pieds 2. à 3. pouces.	250, 000.
de 5. pieds 1. à 2. pouces.	500, 000.
	918, 800.
au-deffous de 5. pieds & un pouce.	3, 079. 318.
Total.	3, 978, 118.

Au temps des Grecs & des Romains, la folde du Fantaffin étoit, par mois, d'une once d'argent ; & celle du Cavalier, de trois onces. Mais, fur cela, ils étoient obligés, l'un & l'autre, de fe nourrir & de s'entretenir de toutes chofes, même d'armes.

Actuellement (& depuis l'Arrêt du 26. Mai 1726.) les écus de fix livres font à la taille de huit. & trois dixièmes au marc de huit onces. C'eft à raifon de 555.⁴⁷⁄₁₁₁ grains, pour chacun, fans avoir égard au remede de loi ni à celui de poids.

De-là, le Fantaffin, à qui il étoit accordé une once d'argent, ou le poids de 576. grains de ce métal, touchoit, en monnoie actuelle, 6. ll. 4. f. 6. d. Et, comme alors, l'argent étoit trois fois plus utile qu'il ne l'eft à préfent, le Fantaffin dont il s'agit, recevoit une valeur qui feroit actuellement égale à celle de 18. ll. 13. f. 6. d.

L'avantage de traitement, qui étoit fait anciennement au Fantaffin, paroîtra même plus confidérable, fa folde étant comparée avec le prix du bled. Le prix du feptier de cette denrée étoit alors de 25. fols, qui repréfentoient 480. grains d'argent, le marc de ce métal étant au prix de 12. livres. De-là, l'once d'argent, que recevoit le Fantaffin, auroit produit la quantité d'un feptier & un 6.ᵉ de feptier de bled. Or, cette quantité de grain repréfenteroit actuellement la fomme de 23.ll. 6 f. 8. d. le bled étant eftimé à 20. ll. le feptier.

Selon le Code, qui régloit la diftribution de la fubfiftance aux troupes, en temps de guerre, elle fe faifoit de la manière fuivante ; Sçavoir, du bifcuit tous les deux jours ; du pain, le troifième jour ; du vin, un autre jour ; le lendemain, du vinaigre ; un autre jour du lard ; & enfuite de la chair de mouton, pour deux jours. (In duobus diebus bucellatum, in tertio die panem, uno die vinum, alio die acetum, uno die lardum, biduo carnem vervecinam. Code de erogatione militaris annonæ. Liv. 12. tit. 18. loi 1.ʳᵉ)
Je rapporte ce détail, principalement à caufe de la diftribution de vinaigre, efpèce de liquide plus utile, plus néceffaire même qu'on ne penfe, & dont l'ufage ne fçauroit être trop recommandé, non-feulement parmi les troupes, mais encore chés les habitants de la campagne, fur-tout parmi ceux qui ne boivent ordinairement que de l'eau.

C'eft à Charles VII. que doit être attribuée la réforme de la Milice Françoife, qui auparavant étoit fans difcipline, & ne vivoit que de pillage. Ce Prince fit d'abord loger les troupes dans les Villes, & ordonna que le peuple leur fourniroit des vivres. Dans la fuite, il changea cette ordonnance, & établit que chaque homme d'armes, qui avoit un page, un gros-valet, deux archers, & un couftellier, recevoit

trente francs par mois. De-là, l'impofition d'une taille, appellée des gens d'armes.

Les trente francs, au temps de Charles VII., auroient procuré 24. feptiers de bled, qui alors étoit encore à 25. f. le feptier. Et les 24. feptiers, le prix de chacun à 20. livres, repréfenteroient actuellement la fomme de 480. livres. Ce feroit à raifon de 80. livres, par mois, pour chacun des fix hommes, dont il s'agit, y compris l'homme-d'armes.

En temps de paix, la France perd, année commune, environ 4000. foldats, feulement par défertion. Chaque homme, eftimé à mille écus, à-peuprès la valeur des efclaves chés les Barbarefques, c'eft, pour la Nation, une perte annuelle de douze millions de livres.

Aux Colonies Françoifes de l'Amérique, le travail de deux efclaves produit, annuellement, une barrique de fucre, de 800. livres, poids de marc ; & cette quantité de fucre, tous frais déduits, vaut ordinairement au propriétaire au moins 400. ll.

En France, un vigneron façonne, par an, quatre arpents de vigne à un peu plus. De-là, quatre mille hommes, perdus par la défertion, & qui doivent être remplacés, diminuent d'autant le moyen de cultiver feize à dix-fept mille arpents de terre.

Il eft vrai qu'il s'en faut de beaucoup qu'en France, tous les foldats foient tirés des campagnes & enlevés par-conféquent à l'agriculture. Mais, dans l'état actuel des chofes, ce font les campagnes qui fourniffent, pour la majeure partie, aux divers remplacements, de telle efpèce qu'ils foient.

De-là, ne feroit-il pas poffible de trouver le moyen de former une armée, toujours fubfiftante, affés nombreufe pour le fervice, compofée de fujets tous de la meilleure volonté, les moins néceffaires à l'agriculture & aux arts, d'ailleurs très-propres au fervice militaire, & qui y feroient fixés pour toujours, tant par une amélioration de traitement actuel, que par des avantages à venir ?

La Religion a pu & dû fonder, en France, des revenus pour environ 200. mille fujets, Evêques, Abbés, Chanoines, Prêtres, Moines, Religieufes. Ne feroit-on pas autorifé à efpérer que l'amour de la patrie, joint à celui de l'humanité, pourroit, par fucceffion de temps, opérer une pareille merveille, de laquelle réfulteroient également des revenus fuffifans pour la fubfiftance & l'entretien de 200. mille hommes, deftinés à maintenir, dans l'intérieur du Royaume, l'ordre & la police, & à repouffer, dans l'occafion, toute attaque de la part des étrangers ? Et, ces nouveaux fonds, ces nouveaux revenus fe formant, pourroit-on douter qu'il ne fe préfentât affés de candidats pour en obtenir la jouiffance ? Quelle armée qu'un corps de 200. mille hommes, choifis parmi deux ou trois millions d'afpirants ! Alors, plus de furprife, plus de féduction pour faire des recrues ; plus de contributions, toujours onéreufes, parmi les habitants des campagnes, pour le remplacement des Soldats Provinciaux.

Les Turcs ont leurs Zaims & leurs Timariottes, nourris & entretenus des biens-fonds qui leur font affectés.

La Milice Suédoife, nationale, eft également répartie & entretenue de certaines portions de biens-fonds, réfervées pour cet ufage. De-là, les Rotes, qui fourniffent chacune un foldat ; les Caporalités, compofées de trente Rotes ; & les Compagnies, qui font formées de trois Caporalités. Au centre de chaque compagnie, autant que les circonftances ont pu le permettre, fe trouvent les Boftelles des Officiers, efpèce de terres domaniales affectées à cet ufage.

Chaque foldat réparti (ou provincial) de l'Armée Suédoife a, dans fa Rote, une efpèce de Boftelle, compofée d'un poële, d'une étable & d'une grange. Cette Boftelle doit d'ailleurs être pourvue d'autant de terrain & de pâturage qu'il en faut pour unquart

H

de tonneau (326.$\frac{111}{252}$. toiſes quarrées ;) & pour deux tas de foin , &c.

Je terminerai cet article, de l'Etat Militaire, par un court détail de la Marine de France, réduit même aux ſeuls Vaiſſeaux de guerre, qui exiſtoient au mois d'Août dernier (1779).

	Nombre	
	d. Vaiſſeaux.	*de* Canons.
Vaiſſeaux de 110. Pièces de Canon.	6.	660.
de 90.	1.	90.
de 80.	7.	560.
de 74.	36.	2, 664.
de 70.	2.	140.
de 64.	24.	1, 536.
de 60.	2.	120.
de 56.	1.	56.
de 50.	2.	100.
Totaux. . . .	81.	5, 936.

XIV. Des *Probabilités*. Il ne s'agit ici que de celles qui concernent la *Population* & la *Mortalité*, en France.

L'homme vit, ou plutôt peut vivre cent ans & plus. Mais, l'enfance eſt moins une vie, qu'une eſpèce de végétation. La decrépitude eſt encore quelque choſe de moins.

Cependant, dans tout état policé, le recenſement, ainſi que la connoiſſance exacte des habitants, doit tout comprendre, depuis l'âge le plus tendre, juſqu'à celui qui eſt le plus avancé. C'eſt, parce qu'il eſt au moins de l'humanité que nul des habitants ne ſoit négligé.

De la connoiſſance du nombre des habitants, en maſſe, dérive celle des quantités des diverſes eſpèces de conſommation néceſſaire.

La connoiſſance du nombre des habitants, de tel ou tel âge, de tel ou tel ſexe, peut & doit ſervir de baſe à la plûpart des plans de l'Adminiſtration.

Vient enſuite la *Claſſification* des divers états, qui, autant qu'il eſt poſſible, doit être connu du Gouvernement.

Indépendamment de ces baſes eſſentielles, il en eſt d'autres aſſés importantes, que l'on pourra déduire de l'ordre de Mortalité, quand il ſera fondé ſur de bons principes. Mais, quels principes aſſigner à un pareil ſujet ! Combien de perſonnes robuſtes qui ſont emportées à la fleur de leur âge ! *Quot non ſunt cauſæ à quibus hóminis vitæ terminus pendet !* (s' Gravesande, introduct. ad Philoſ.)

Il n'y a donc que des *Probabilités* au ſujet de l'ordre de Mortalité. Il en eſt de même de quantité d'autres objets qui peuvent intéreſſer l'Adminiſtration.

Le Capitaine *Jean Graunt*, Anglois de nation, eſt le premier, que je ſçache, qui ſe ſoit occupé de cette eſpèce de calcul politique, ſous le regne de Charles II. (en 1667.) Il fut depuis imité, & laiſſé très-loin en arrière, par le célèbre Chevalier *Guillaume Petty*, également Anglois. Celui-ci publia, à Londres, en 1691., un ouvrage intitulé : L'*Arithmétique Politique*, en un volume in-12. : ouvrage compoſé avec beaucoup de ſoin & d'intelligence, & qui doit être regardé comme la baſe de tout ce qui a été fait depuis en ce genre.

Indépendamment de l'Angleterre, la Hollande, la Suiſſe, l'Allemagne, la France & la Suède ont auſſi produit pluſieurs Sçavants du premier ordre, dont les travaux dans le calcul politique, ont déjà été d'une grande utilité à diverſes branches de l'Adminiſtration, & pourront l'être encore davantage, quand ils ſeront mieux connus & mieux ſentis. En France,

particulièrement, on ne ſçauroit trop recommander, à ce ſujet, les ouvrages de l'illuſtre & reſpectable M. le Comte de Buffon, de même que ceux de M. *Déparcieux* & de M. *Dupré de Saint-Maur*.

Le calcul politique, au-reſte, ſe fonde principalement ſur des obſervations multipliées, & ſur des faits bien conſtatés. C'eſt d'après de tels principes, que j'ai dreſſé la *Table des Probabilités*, employée au commencement de ce Mémoire. On y remarquera ſans-doute qu'elle diffère beaucoup de ce qui a déjà été fait en ce genre. Cela devoit être ainſi, parce que je n'ai point travaillé ſur de petites maſſes, mais ſur celle d'un Royaume très-conſidérable.

J'avois réuſſi à connoître, dans le plus grand détail, & ſous tous les rapports convenables, l'état actuel de la population d'environ deux millions d'Individus de ce même Royaume, ainſi que l'ordre de Mortalité qui a lieu parmi eux. De-là, par des règles de proportion, les divers réſultats que je publie.

Cependant, au ſujet de la *Mortalité*, je ne dois pas négliger d'obſerver, qu'année commune, de 1769. à 1777., le nombre des ſépultures, dans toute l'étendue de la France, extrait des Régiſtres des Paroiſſes, n'a été que de 738, 024. ; que, dans les années précédentes, il s'étoit élevé à 793, 931. ; & qu'il doit être eſtimé autour de 810. mille, y compris les Déſerteurs, les Individus qui meurent à la mer, & les émigrants qui vont s'établir & ſe fixer en pays étrangers.

Il ſuit de-là, que l'accroiſſement de la population procéderoit avec une rapidité étonnante, ſans les guerres, les peſtes, les maladies épidémiques, les inondations & autres accidents, qui viennent, de temps-en-temps, faire des ravages parmi le genre humain. La nature pourvoit de loin aux aliments de ces fléaux.

Quoi qu'il en ſoit, il n'eſt nullement à craindre que, dans l'état actuel des choſes, aucun pays de l'Europe puiſſe devenir, de ſitôt, trop peuplé (ce qui ſeroit le plus grand des fléaux,) & que par-conſéquent la ſubſiſtance ne manque enfin aux habitants. Elle deviendra au-contraire d'autant plus commune & plus aiſée, que le nombre d'hommes ſera plus conſidérable. Il eſt incroyable combien de ſecours l'homme tire de l'homme ; & à quel point les hommes ſe ſoulagent mutuellement dans leurs travaux.

Si, dans tout pays que ce ſoit, il exiſtoit plus d'hommes inutiles, alors, au lieu d'exploiter les terres en auſſi grande quantité, par le moyen des charrues, on en cultiveroit beaucoup à bras ; & il en réſulteroit des produits ſuffiſants à la ſubſiſtance de tous les habitants. D'ailleurs, combien de pays qui ſont encore à peupler, ſur-tout en Amérique !

Que, dans une maſſe conſidérable, le nombre des Naiſſances excède, année commune, le nombre des Sépultures, cela eſt conſtaté pat des faits. Cependant, il n'en eſt pas moins vrai, au fond, que tous les individus, qui naiſſent dans la même année, meurent & diſparoiſſent abſolument dans l'eſpace d'un Siècle ou environ. Il ſuit de-là qu'à la fin la ſomme totale des *Sépultures* ſe trouve égale à celle des *Naiſſances*. C'eſt d'après cette baſe que j'ai procédé, fondé, d'ailleurs, je le répete encore, ſur une quantité prodigieuſe de faits inconteſtables.

Au-ſurplus, il ne s'agit ici que de probabilités ou d'une théorie qui approche de la vérité le plus qu'il eſt poſſible. Cette théorie peut & doit même ſuffire à tout Adminiſtrateur qui ſe propoſe non-ſeulement le bien, mais encore de grandes choſes. Vouloir aller au-delà, & prétendre à une certitude, à une préciſion mathématique, ce ſeroit rechercher un objet de pure ſpéculation & de ſimple curioſité.

§. II.

De quelques Rapports de la France avec l'Angleterre, la Hollande, la Suisse, le Dannemarck, la Suède, le Royaume de Naples, celui de Sardaigne, la Lombardie-Autrichienne, & la Toscane.

I. Le degré de latitude vaut, en France.

Angleterre.
Hollande. } 57, 074. toises.
Suisse.

Dannemarck.
Suède. } 57, 259. toises.
Italie. . . . 56, 979. toises.

II. De-là, la lieue, de 25. au degré, est,

en France, de
Angleterre.
Hollande. } 2, 282. toises 5. pieds 9. pouces 1. $\frac{11}{17}$ ligne.
Suisse.

Dannemarck.
Suède. } 2, 290. $\frac{2}{25}$. toises.
Italie. . . . . 2, 275. toises 00. pieds 11. pouces 6. $\frac{4}{25}$. lignes.

III. Cette lieue, de 25. au degré, étant quarrée, représente :

en	Toises quarrées.	Arpents quarrés, chacun de 1344. $\frac{3}{5}$. toises.
France. Angleterre. Hollande. Suisse.	5, 215, 905. T. 2. p. 9. p. 10. $\frac{19}{23}$. lig.	3, 879. $\frac{7}{13}$
Dannemarck. Suède.	5, 245, 748. $\frac{4}{7}$. toises.	3, 901. $\frac{13002}{17181}$.
Italie.	5. 176, 358. T. 5. p. 11. p. 8. $\frac{4}{23}$. lig.	3, 850. $\frac{1}{6}$.

IV. *Contenance, aire ou surface, en lieues de 25. au degré, & en arpents, chacun de 1344. $\frac{3}{5}$. toises quarrées de France ; Population, &c.*

PAYS.	Lieues quarrées.	Arpents.	Années du dé-nombre-ment des Habi-tants.	Hommes & Garçons.	Femmes & Filles.	Total des Habitants.	Habitans par chaque lieue quarrée	Nombre d'Ar-pents, pour chaque personne
1.	2.	3.	4.	5.	6.	7.	8.	9.
France. . . .	26,934.	104,592,697.	1778.	11,766,633.	12,362,567.	24,129,200.	896.	4. $\frac{1}{5}$.
Angleterre. . .	7,200.	27,928,801.	1779.			5,000,000.	964.	5. $\frac{2}{3}$.
Ecosse. . . .	4,750.	18,425,250.	1750.			1,500,000.	316.	12. $\frac{1}{4}$.
Irlande. . . .	5,000.	19,395,000.	1776.			2,162,515.	433.	8. $\frac{40}{41}$.
Hollande. . .	1,683.	6,518,438.	1749.			2,250,000.	1,337.	2. $\frac{11}{17}$.
Suisse. . . .	2,936.	11,388,887.	1770.	904,383.	937,148.	1,841,531.	627.	6. $\frac{3}{17}$.
Dannemarck. .	2,290.	8,935,114.	1777.			1,000,000.	437.	8. $\frac{2}{5}$.
Norwège. . .	14,140.	55,161,630.	1777.			700,000.	50.	78. $\frac{3}{4}$.
Holstein. . .	540.	2,106,970.	1777.			240,000.	444.	8. $\frac{3}{4}$.
Suède. . . .	51,969.	202,500,000.	1763.	1,165,490.	1,280,905.	2,446,395.	47.	82. $\frac{4}{5}$.
R.me. de Naples.	2,970.	11,454,995.	1776.	2,203,264.	2,246,337.	4,449,601.	1,498.	2. $\frac{4}{7}$.
R.me. de Sicile. .	1,960.	6,448,196.	1753.			1,123,163.	537.	5. $\frac{3}{4}$.
R.me. de Sardaigne.	1,782.	5,861,997.	1773.	215,790.	207,724.	423,514.	245.	13. $\frac{5}{6}$.
Toscane. . .	1,185.	4,562,448.	1766.			945,063.	798.	4. $\frac{5}{6}$.
Lombardie Autr. .	600.	2,310,100.	1774.	559,686.	550,466.	1,110,152.	1,849.	2. $\frac{1}{12}$.
Totaux. . .	125,939.	487,570,523.		16,815,246.	17,585,147.	49,321,134.	391. $\frac{3}{5}$.	9. $\frac{5}{8}$.

Nota. Suivant *Edmund Halley* (mort en 1742. âgé de 86. ans) l'Angleterre, seule, contient 39, 938, 000. acres quarrées (dont ⅔. font l'arpent.) Ce qui donne 31, 230, 800. petits arpens de France. On y compte 25. cités, 750. grandes villes, appellées *Market-Towns* ; 9913. Paroisses, & seulement environ 793. mille familles.

Suivant *King*, au commencement de ce Siècle.	5, 000, 000. Personnes.
M. le Docteur *Price*, en 1779.	5, 000, 000.
le Journal Œconomique.	7, 500, 000.
M. de *Voltaire*.	8, 000, 000.
le Major *Grant*.	4, 600, 000.
Davenant.	5, 545, 000.
Réal.	6, 000, 000.
Palairet.	6, 700, 000.
Petty.	7, 400, 000.
{ le Chevalier *Nickolls*.	
le Chevalier *Deker*.	
Templeman. }	8, 000, 000.
Wallace.	

Suivant le Baron de *Bielfeld*, 2, 330, 420. familles, qui, à raison de 9. personnes pour deux familles, donnent, au total, le nombre de 10, 486, 890. Individus. C'est pour l'Angleterre, l'Ecosse & l'Irlande.

Suivant les observations de *King*, les revenus de toutes les terres de l'Angleterre montoient, au commencement de ce Siècle, à environ 16. millions Sterlings (225. millions en monnoie actuelle de France ;) le revenu des maisons à deux millions Sterlings (45. millions de France ;) & les autres effets à 2. millions Sterlings. Au total, 315. millions, en monnoie actuelle de France.

Dénombrement de l'Irlande, en particulier, fait en 1776.

Noms des Provinces.	Catholiques.	Protestants.	TOTAL.
Connaught.	246, 142.	23, 718.	269, 860.
Linster.	474, 863.	214, 174.	689, 039.
Munster.	495, 738.	134, 061.	629, 799.
Ulster.	194, 602.	379, 217.	573, 819.
TOTAUX.	1, 411, 345.	751, 170.	2, 162, 515.

V. La France, la Suisse, la Suède, le Royaume de Naples, (non-compris la Sicile,) la Sardaigne, & la Lombardie-Autrichienne, donnent ensemble, d'après des recensements faits par têtes, 16, 815, 246. hommes ou garçons, & 17, 585, 147. femmes ou filles : au total, 34, 400, 393. individus. Le nombre de femmes ou filles y est d'un vingt-quatrième plus fort que le nombre d'hommes ou garçons.

La Population particulière de Royaume de Naples, de celui de Sardaigne, & de la Lombardie-Autrichienne, forte de 5, 983, 267. individus, est composée de 2, 978, 740. hommes ou garçons, & de 3, 004, 527. femmes ou filles. Ici le nombre d'hommes ou garçons n'est inférieur au nombre de femmes ou filles, que de 57, 787. individus, ou d'environ un cent dix-septième.

Mais, la population du Royaume de Sardaigne & de la Lombardie-Autrichienne, prise séparément, forte, au total, de 1, 533, 663. individus, présente 775, 476. hommes ou garçons, & seulement 758, 190. femmes ou filles. Alors, le premier de ces nombres se trouve plus fort que celui de femmes ou filles, de 17, 286. individus, où d'environ un quarante-cinquième. C'est de-là que M. François *Gemelli*, habile Professeur Royal d'Eloquence Latine dans l'Université de Sassari, en Sardaigne, le même dont il a déjà été fait mention dans ce Mémoire, a cru pouvoir inférer, contre M. de *Montesquieu*, & aussi contre M. le Comte de *Buffon*, que la majorité ou l'infériorité du nombre d'hommes & garçons, relativement au nombre de femmes & de filles, n'a aucun rapport avec la latitude des lieux, avec le plus ou moins d'éloignement de l'équateur. Voici cependant des faits contre M. *Gemelli*, & sur lesquels vraisemblablement s'étoient fondés les deux illustres Ecrivains François.

D'après des observations très-exactes, faites par les Hollandois, à Batavia (une de leurs possessions, dans l'Isle de Java, aux Indes Orientales, à 6. degrés 10. minutes de latitude méridionale,) il naît, année commune, dans cette ville, dix fois plus de filles que de garçons.

Au tom. 1. de l'Histoire du Jappon, par *Kemfer*, dont le séjour dans ce pays fut assez long, on lit que, de son temps, il fut fait à Meaco, autrefois la Capitale de cet Empire, un recensement très-exact, qui donna 172, 070. hommes ou garçons, & 223, 572. femmes ou filles : au total, 395, 642. individus. (Meaco est à 36. degrés de latitude.)

Dans l'Afrique Méridionale, à quelques degrés seulement, Nord & Sud, de l'Equateur, il est peu d'hommes qui n'aient, à leur disposition, au moins six femmes, dont même ils changent souvent, sans que pour cela il en manque jamais à personne.

Que conclure de-là ? Que la différence ou l'inégalité, par rapport au nombre d'individus de l'un & de l'autre sexe, ne sçauroit être, bien constatée que d'après des recensements faits avec autant de soin que d'exactitude.

En France, le dénombrement des habitans de la Province de Provence, fait par têtes, en 1765. donna 698, 168. individus, dont 336, 707. hommes ou garçons, & 351, 461. femmes ou filles. Ce dernier nombre est plus fort que le premier, de 14, 754. C'est-à-dire, d'environ un vingt-quatrième.

En 1764. je fis concurremment avec M. le Chevalier du *Muy* (depuis Maréchal de France & Ministre d'Etat,) un dénombrement de la Flandre-Wallone, où cet homme vertueux commandoit en chef. Sur 152, 074. têtes, il se trouva 75, 155. hommes ou garçons, & 76, 919. femmes ou filles. Ici ce dernier nombre n'excède le premier de 1764. c'est-à-dire, seulement d'environ un quarante-quatrième.

Sur une masse d'environ deux millions d'individus, répandus dans différentes provinces du Royaume, mais circonscrits dans des districts particuliers, &

dont

dont j'avois réuſſi à me procurer le recenſement, fait auſſi par têtes; j'ai trouvé que le nombre de femmes ou filles étoit plus fort d'environ un vingt-unième que le nombre d'hommes ou garçons. C'eſt d'après cette baſe que j'ai procédé dans la diviſion, par ſexes, de tous les habitants du Royaume.

Je m'étois propoſé de donner des détails ultérieurs & aſſés étendus ſur les divers rapports de la France avec les pays étrangers: mon travail étoit même fait, quand je me détermine, pour des conſidérations par-ticulières, à différer de le publier.

§. III.

Des moyens dont je me ſuis ſervi.

J'EN ai rendu un compte très-détaillé au ROI, mon Souverain, dans un *Mémoire*, me concer-nant, moi en particulier, adreſſé directement à SA MAJESTÉ, *en ſon Conſeil d'Etat*.

Ce *Mémoire*, daté du mois d'Août 1778., étoit imprimé en 35. pages in-folio, & accompagné de *Pièces juſtificatives*, également imprimées en 47. pages in-folio.

Le *Rapport* en fut fait au ROI, par M. le Comte de *Vergennes*, Miniſtre & Sécrétaire d'Etat, pour le département des Affaires-Etrangères, dans le Con-ſeil d'Etat, tenu à Choiſy, le 23. de Septembre de la même année 1778.

C'eſt-là, c'eſt dans ce *Mémoire*, que j'ai pu & dû retracer les ſervices multipliés & de la plus grande importance, que pluſieurs de mes Ayeux ont rendus à la Religion, à leur Roi, à leur patrie & à l'hu-manité: ſervices avoués, reconnus, conſtatés, & dont les preuves ſubſiſtent, à Verſailles, dans les Archives ou dépôts du département des Affaires-Etrangères, & auſſi daus les Archives des départe-ments de la Guerre, de la Marine, &c.

C'eſt-là que j'ai retracé, avec une eſpèce de préfé-rence, l'eſquiſſe des talents & des vertus de *Claude II. Expilly*, célèbre Préſident au Parlement de Grenoble, & Conſeiller d'Etat avec le traitement d'une penſion annuelle. C'eſt parce qu'animé de ſentiments de zèle & d'amour pour le bien public, non certainement inférieurs à ceux qui le dirigèrent dans ſa conduite; je dus peut-être à ſon exemple, du moins en partie, une certaine fermeté, qui me fut ſouvent néceſſaire dans la carrière également péni-ble & difficile, que je m'étois propoſé de parcourir.

J'ai eu de fortes raiſons pour faire connoître *ſept différentes Commiſſions*, au nom & de la part du ROI, dont ce Préſident *Claude II. Expilly* fut chargé, toutes contreſignées par les Secrétai-res d'Etat au département des Affaires-Etrangères (M. M. de *Neuville-Villeroi*, *Potier*, & *Boutiller*.)

De même, de fortes raiſons m'ont déterminé à inſiſter ſur la Commiſſion, qui, en 1634. fut don-née au Préſident *Expilly*, alors chargé de réſider auprès de *Victor-Amédée*, Duc de Savoye. Ce fut ce qui donna lieu à ce Préſident de ſéjourner, l'eſ-pace d'environ un an, à la Cour de Turin, où il fut honoré & comblé de témoignages flatteurs d'ap-probation.

Dans ce *Mémoire* imprimé, du mois d'Août 1778., j'ai auſſi pu & dû dire:

1°. Que, moi-même, j'ai été également honoré de témoignages d'approbation, & comblé de marques de bonté, au nom & de la part de preſque tous les Souverains de l'Europe.

2°. Que le Préſident *Claude II. Expilly*, étant mort à Grenoble, le 15. de Juillet 1636., âgé de 75. ans 7. mois & quatre jours, ſon Oraiſon Funè-bre (cérémonie peu commune) y fut prononcée, dans l'Egliſe de Sainte-Claire, lieu de ſa ſépulture, par Pierre Hugon, Docteur en Théologie, Chanoine de l'Egliſe Collégiale de Saint-André de Grenoble.

3°. Que Jacques-Philippe Tomaſini, ſçavant du pre-mier ordre, Evêque de Città-Nuova, dans les Etats de la Républiqne de Veniſe, fit auſſi en latin (eſpèce d'é-

vénement encore plus rare) l'Oraiſon Funèbre de ce Préſident, imprimée & dédiée à ANNE-D'AUTRICHE, Reine de France. C'eſt ce même diſcours que j'ai fait réimprimer, & que j'ai euſl'honneur de préſenter moi-même au ROI, à Verſailles, le 6. de Février 1778.

4°. Que *Claude II. Expilly* étoit fils de *Claude I*. Capitaine de cent hommes d'armes, Sergent de bataille & Maréchal-des-Logis de l'Armée du Roi, en Dau-phiné; tué, ſur la place, d'un coup de feu, qu'il reçut au milieu du front, le 22. de Septembre 1574, n'étant âgé que de 36. ans, & Commandant en chef un corps de troupes du ROI, qui chargeoit l'en-nemi, près du Château de *Chabrillan*, en Dauphiné.

5°. Que *Claude I. Expilly* avoit, pour cinquième ayeul, *Gaſpard II. Expilly*, qui, en 1424., paſſa d'Ecoſſe en France, au ſervice du Roi Charles VII., en compagnie de quantité d'autres Gentils-hommes Ecoſſois.

6°. Que *Gaſpard II. Expilly* avoit lui-même, pour ſixième ayeul, *Alexandre I. Expilly*, qui vivoit en 1245. & 1280., étant employé avec diſtinction à la Cour d'Alexandre III. Roi d'Ecoſſe.

7°. Que les Armoiries de la famille d'*Expilly* ont été conſtamment: *d'azur*, *au cocq d'or*, *crêté & barbelé de gueules*; *au chef d'or*, *chargé de trois molettes de ſables*; avec cette deviſe: *Nec temeré*, *nec timidè*, *ſed fortiter*.

Ce que je n'ai pas dit, ce que je n'ai pas expli-qué, dans mon *Mémoire*, du mois d'Août 1778.; c'eſt mon ſentiment ſur la *Subſiſtance du Peuple*. Là, j'ai dû me borner à rendre compte principalement de mes procédés, tandis que je rappellois, par occaſion, le prix moyen du ſeptier de froment, année commune, de l'an 800. juſqu'à l'an 1770.

C'eſt-là que j'ai rapporté, qu'année commune, de l'an 800. à 1500. (y compris les années de cherté) le prix du ſeptier de bled, de 240. livres, poids de marc, s'étoit élevé juſqu'à la valeur de 866. grains d'argent fin, qui, en monnoie de ce temps-là, le marc étant à 12. liv. Tournois, repréſentoient la ſomme de 2. liv. 5. ſ. 1. d. $\frac{4}{17}$; ou, en monnoie actuelle, la ſomme de 10. liv. 4. ſ. 2. d. $\frac{24}{33}$.

Quoique le prix ordinaire du ſeptier de bled ne dût être que de 480. grains d'argent fin, qui, en monnoie du temps, repréſentoient 25. ſ. Tournois; &, en monnoie actuelle, repréſenteroient la ſomme de 5. liv. 13. ſ. 2. d. $\frac{1}{17}$.

Que de 1502. à 1600., le prix du ſeptier de bled fut, année commune (toujours en y comprenant les années de cherté) de 1327. grains d'argent fin, répondant en monnoie actuelle, à la ſomme de 15. liv. 12. ſ. 10. d. $\frac{74}{17}$.

Que de 1601. à 1700., le prix du ſeptier de bled fut, année commune, de 2286. grains d'ar-gent fin; ou, en monnoie actuelle, de 26. liv. 19. ſ. o. d. $\frac{48}{33}$.

Que de 1701. à 1770., le prix du ſeptier de la même denrée fut, année commune, de 1697. grains d'argent fin; ou, en monnoie actuelle, de 23. liv. 3. ſ. 9. d. $\frac{33}{44}$.

Qu'en formant une année commune, de l'an 800. juſques & compris 1770., le prix du ſeptier de bled

I

fut de 1611. grains d'argent fin; ou, en monnoie actuelle, de 18. liv. 19. f. 10. d. $\frac{31}{88}$.

Que de l'an 800. à 1512. & même jufqu'au commencement de 1518. (environ 20. ans après la découverte de l'Amérique, & des mines d'or & d'argent de ce pays,) le prix du feptier de bled, dans l'état ordinaire des chofes, fe balança affés conftamment de 384. à 480. & 576. grains d'argent fin monnoyé; c'eft-à-dire, de 20. à 25. & 30. fols Tournois, le marc d'argent étant à 12. liv.

Que, depuis 1726., le marc d'argent fin monnoyé étant à 54. liv. 6. f. 6. d. $\frac{5}{11}$., les 384. grains repréfenteroient la fomme de 4. liv. 10. f. 6. d. $\frac{48}{88}$. Celle de 5. liv. 13. f. 2. d. $\frac{16}{88}$. feroit le produit de 480. grains; & les 576. grains donneroient celle de 6. liv. 15. f. 9. d. $\frac{72}{88}$.

Mais, la même quantité d'argent ne donnant aujourd'hui, pour fubfifter, que le tiers, au plus, des moyens qu'elle fourniffoit il y a environ 260. ans; il s'enfuit que la fomme de 4. liv. 10. f. 6. d. $\frac{48}{88}$. produit de 384. grains d'argent fin, devra, d'après cette proportion, être élevée à la fomme de 12. liv. 11. f. 7. d. $\frac{56}{88}$. Celle de 5. liv. 13. f. 2. d. $\frac{16}{88}$. à la fomme de 16. liv. 19. f. 6. d. $\frac{48}{88}$. Et la fomme de 6. liv, 15. f. 9. d. $\frac{72}{88}$. à celle de 20 liv. 7. f. 5. d. $\frac{40}{88}$.

Actuellement, je puis & je dois rappeller ici, que, dans le même *Mémoire*, imprimé, du mois d'Août 1778., adreffé directement au ROI, en fon Confeil d'Etat, j'ai auffi fait mention de quantité d'autres Mémoires, tous de ma compofition, fur la fubfiftance du peuple.

Parmi ces Mémoires, je me rappelle volontiers celui qui eft daté du mois de Mars 1776.; que j'eus l'honneur de préfenter moi-même au ROI, au mois de Mai fuivant; & que, vers ce temps-là, je préfentai auffi à M. Turgot, alors Contrôleur-Général des Finances

C'eft-là que (d'après beaucoup de recherches & de combinaifons) je me fuis expliqué affés au long fur la néceffité de fixer le prix du grain; regardant ce moyen comme le feul, l'unique pour affurer enfin la fubfiftance du peuple, au moins dans tout Etat où il fe recueille, année commune, affés de grain pour la confommation.

Dans tout autre Etat, où les récoltes ne fuffifent point aux befoins du peuple, le prix du grain doit être également fixé: là, c'eft également à l'Adminiftration, & non au Commerce, à pourvoir les habitants, de cette denrée de néceffité abfolue, qui jamais ne doit être livrée ni au hazard, ni aux fpéculations vagues & incertaines des Négociants, encore moins à leur cupidité. Il doit fuffire à ceux-ci d'être employés, de préférence, par l'Adminiftration, toujours mieux qu'eux, à portée d'être bien inftruite du prix des grains dans les divers marchés de l'Europe.

Des primes, des récompenfes, des diftinctions devroient fuffire, pour exciter les lumières, les talents, l'activité & le zèle parmi les Négociants qui afpireroient à l'avantage & à la gloire d'approvifionner leur patrie.

J'eus, dans le temps, l'honneur d'adreffer directement à tous les Souverains de l'Europe, des exemplaires de mon Mémoire fur la Subfiftance, dont je viens de parler. J'étois alors perfuadé, comme je le ferai toujours, que les Souverains fe feront conftamment une gloire de fubordonner aux befoins de l'humanité, leurs intérêts particuliers, tels qu'ils foient.

Par Ordonnance du mois de Septembre dernier (1779.) le Roi de Dannemarck a, le *Premier*, fixé le prix des grains dans toute l'étendue de fes Etats. (Dans les Etats de ce Monarque, où l'on compte environ deux millions de Sujets, il fe recueille, année commune, environ huit millions 361. mille 700. tonnes, ou feptiers de France, en froment, feigle, orge, avoine, bled-farrafin, pois, vefces & fèves. De cette quantité, il eft exporté, annuellement, même pour les ports de la Méditerranée, jufqu'à la concurrence de 548, 496. tonnes. De-là, la confommation des grains doit être très-forte dans les Etats du Roi de Dannemarck: mais à cette grande confommation contribue beaucoup la diftillation des grains pour en tirer de l'eau-de-vie.

Dès l'an 794., d'après le Concile ou l'Affemblée, tenue à Francfort fur-le-Meyn, à l'occafion d'une difette extraordinaire qui affligeoit l'Europe entière, Charlemagne avoit fait auffi un Réglement pour fixer le prix des grains.

Suivant ce Réglement, le Boiffeau, contenant, comme à préfent, le poids de vingt livres de froment, devoit être vendu; fçavoir: en avoine un denier, en orge deux deniers, en feigle trois deniers, & en froment quatre deniers.

Quelle étoit la valeur de ces deniers au temps de Charlemagne, où le prix du marc d'argent fin monnoyé étoit à 12. liv. Tournois; ou, felon quelques uns, feulement à 15. fols?

Après la mort de Pepin, qui avoit fait tailler 22. pièces dans une livre d'argent, Charlemagne, fon Fils, n'en fit plus tailler que 20., qu'il nomma *Sols*; &, dans chacun de ces Sols, douze pièces, qu'il nomma *Deniers*. Il y avoit donc, dans la livre de ce temps-là, 240. deniers réels & de poids.

Cette livre étoit la livre Romaine, de 12. onces; mais l'once étoit moins forte d'un *neuvième* que celle de notre poids de marc. De-là, les 12. onces fe trouvoient réduites à dix onces & deux tiers, & ne pefoient que 6144. grains. (Encore actuellement, dans plufieurs villes d'Italie, 12. onces du pays rendent moins de 10. onces $\frac{3}{8}$. du poids de marc. A Milan, par exemple, la livre ordinaire de 14. onces ne rend que 9. onces $\frac{3}{8}$. du poids de marc de France.)

Le nombre de 6144. grains étant divifé par 240. deniers, dont la livre étoit compofée, il revenoit 25. $\frac{3}{5}$. grains pour chaque denier.

A raifon de 54. liv. 6. f. 6. d. $\frac{6}{11}$., prix actuel du marc d'argent fin monnoyé (depuis 1726.) le denier de Charlemagne, du poids de 25. $\frac{3}{5}$. grains, repréfenteroit, en monnoie actuelle, 6. fols & $\frac{24}{55}$. de denier. De-là, les quatre deniers, prix du boiffeau de froment, au temps de Charlemagne, répondroient actuellement à 24. fols un denier & $\frac{41}{55}$. de denier. Et les 12. boiffeaux, compofant le feptier, vendus 48. de ces deniers de Charlemagne, qui peferoient enfemble 1228. $\frac{4}{5}$. grains, répondroient actuellement à 14. liv. 9. f. 8. d. $\frac{54}{55}$.

Il a été dit ci-devant, qu'au temps de Charlemagne, le prix *ordinaire* du feptier de bled étoit de 480. grains d'argent fin, qui répondoient à 25. f. Tournois, le marc d'argent fin étant à 12. liv. Ces 25. f. repréfenteroient, en monnoie actuelle, la fomme de 5. liv. 13. f. 2. d. $\frac{4}{11}$.

Le Reglément de l'an 794. ayant élevé & fixé le prix du feptier de bled à 1228. $\frac{4}{5}$. grains d'argent fin; il s'enfuivroit, d'après les proportions, que le prix du feptier, fuppofé actuellement à 20. livres, ou à 1696. $\frac{95}{149}$. grains d'argent fin, devroit être élevé à 4342. $\frac{185}{249}$. grains d'argent fin, qui répondroient à la fomme de 51. livres 4. fols.

Le 6. de Juillet 1709. le feptier de froment fut vendu, aux marchés des environs de Paris. 57. liv.

Le 5. d'Octobre fuivant. . . . . . 69. liv. 12. f.
Le 4. de Janvier 1710. . . . . . 55. liv. 4. f.
Le 5. d'Avril fuivant. . . . . . 49. liv. 4. f.
Le 7. de Janvier 1741. . . . . 52. liv. 16. f.

Mais, c'étoient-là des temps de calamité, que fans doute il eût été de la fageffe de l'Adminiftration d'avoir prévu. La belle inſtruction que le ſonge du Patriarche Joſeph, au ſujet des vaches graſſes & des vaches maigres !

Que les peuples, du temps de Charlemagne, ayent cru que des eſprits infernaux, du haut des airs, dévoroient les moiſſons ; c'étoit-là le propre, le génie du temps. Mais, qu'il y ait eu de véritables diſettes au dix-ſeptième & au dix-huitième ſiècles ! C'eſt ce que vraiſemblablement aura de la peine à croire la poſtérité, plus éclairée, qui reconnoîtra que les lumières, les connoiſſances, les talents & la bonne volonté ne manquèrent point dans ces deux ſiècles.

Quoi qu'il en ſoit, ſi les Romains demandoient du pain & des fêtes (*panem & circenſes*) quand on exigeoit d'eux qu'ils fuſſent paiſibles & tranquilles ſpectateurs des Opérations du Gouvernement ; le peuple de tout pays policé demande auſſi la même choſe, & ſans-doute il en a le droit, quand on exige de lui le même dévoüement.

Au-ſurplus, ... *aſſerit urbes*
Sola fames, emiturque metus, cùm ſigne potentes
Vulgus alunt : nam neſcit plebs jejuna timere.
                                    Lucain, liv. 3. v. 56.

Je ſuis,

SIRE,

DE VOTRE MAJESTÉ,

Le très-humble, très-obéïſſant
& très-fidèle, Serviteur & Sujet,

L'Abbé Expilly.

à Nice, le 8.
de janvier 1780.

www.ingramcontent.com/pod-product-compliance
Lightning Source LLC
Chambersburg PA
CBHW060808280326
41934CB00010B/2601